하버마스,
토론 배틀을 열다

탐 철학 소설 42

하버마스, 토론 배틀을 열다

초판 인쇄	2022년 4월 5일
초판 발행	2022년 4월 15일
지은이	조상식
편집	신정선, 김초아, 심상진
마케팅	강백산, 강지연
디자인	이정화
표지 일러스트	박근용
펴낸이	이재일
펴낸곳	토토북

주소 04034 서울시 마포구 양화로11길 18, 3층 (서교동, 원오빌딩)
전화 02-332-6255 ┃ 팩스 02-332-6286
홈페이지 www.totobook.com ┃ 전자우편 totobooks@hanmail.net
출판등록 2002년 5월 30일 제10-2394호
ISBN 978-89-6496-465-1 44100
ISBN 978-89-6496-136-0 44100 (세트)

- 이 책의 사용 연령은 14세 이상입니다.
- 탐은 토토북의 청소년 출판 전문 브랜드입니다.

하버마스,
토론 배틀을 열다

조상식
지음

42

탐
철학
소설

팀

차례

위르겐 하버마스(Jürgen Habermas, 1929~)는 현존하는 세계 최고의 철학자들 가운데 한 사람으로, 독일 전통의 철학적 유산을 계승하고 당대 세계 철학의 성과를 자신의 사상에 적용해 발전적으로 펼치고 있는 사회 철학자입니다. 동시에 정치, 사회, 문화, 예술, 국제 분쟁 등 다양한 분야에서 벌어지는 논쟁에 적극적으로 참여하는 실천적인 저널리스트이기도 합니다.

하버마스는 이론과 실천의 통합을 통해 마르크스주의의 독단적이고 경직된 측면을 제거하고, 이를 자본주의 사회를 비판하는 데 긍정적으로 활용해 왔습니다. 그는 철저히 대화와 타협에 기반을 둔 민주주의 신봉자이며, 사회적 불평등과 부조리에 대해 예리하게 비판하는 진보적인 철학자입니다. 민주주의와 학생 운동, 환경 운동, 성해방 운동, 실증주의, 체계 이론, 포스트모더니즘, 시민 사회, 역사 문제, 형이상학 문제 등을 비롯한 거의 모든 논쟁에 참여한 성실한 지식인입니다.

하버마스는 지금까지 3천 종이 넘는 연구물을 출간하고 발표하면서 현대 철학을 대표하는 비판 이론 분야에서 주도적인 역할을 하고 있는 제2세대 비판 이론가입니다. 그의 철학 사상 발전 과정은 초기와 후기로 구분할 수 있습니다.

하버마스의 초기 철학을 살펴 볼까요? 첫째, 하버마스는《공론장의 구조 변동》에서 시민적 공론장이라는 자유주의적 정치 사회 모델의 발생과 진화 과정을 해명합니다. 여기서 공론장이란 국가와 시민 사회가 분리되면서 발생하는 긴장 관계에서 출현한 사회 영역을 가리키는 것으로, 여론 같은 것이 형성되는 사회적 삶의 영역을 말합니다. 공론장의 출현은 자유롭고 평등한 사회의 기초인 이상적인 대화 상황을 만들었지만, 다른 한편으로는 자본주의 체제와 관료 국가를 옹호하는 이데올로기적 기능을 하는 모순적인 상황도 초래했습니다.

둘째,《인식과 관심》에서 하버마스는 노동에 대한 마르크스의 경직된 관점을 비판하고, 자본주의 사회의 문제점을 파헤치기 위해 마르크스의 '이데올로기 비판'과 프로이트의 '정신 분석' 방법을 활용하자고 제안합니다. 이 책에서 그는 도구적 행위와 의사소통적 행위를 구분하면서 마르크스의 노동관과 거리를 두는 '언어적 전환'을 시도합니다. 이를 통해 그는 언어 문제를 바탕으로 비판 이론을 발전시키고자 합니다.

하버마스에 따르면, 우리의 언어 사용은 그 보편적인 전제로서 이해, 진리, 정당성, 진정성 같은 타당성의 기준을 요구합니다. 이에 경제와 노동에만 관심을 가져 왔던 비판 이론의 새로운 토대로서 '이상적인 담화 상황' 개념을 제시합니다. 하버마스는 여기에 사회 해방과 민주주의의 가능성이 있다고 주장합니다.

'언어적 전환'을 통해 사회 문제의 새로운 토대를 마련한 하버마스는 후기에 와서 전통적인 의식 철학의 한계를 극복하고 '의사소통행위의 철학'에 연구의 초점을 맞추게 됩니다. 이를 체계적으로 정리한 책이 바로 이 철학 소설의 토대인 《의사소통행위이론》입니다. 이 책에서 하버마스는 선배 비판 이론가들의 도구적 이성 비판과 부정의 변증법에 나타난 비관주의를 지적하면서 막스 베버(Max Weber)의 사회학을 통해 자본주의적 근대화의 이중적인 측면을 설명하고자 합니다. 하버마스에 따르면, 의사소통 행위는 도구적인 합리성과 달리 인간의 구체적이고 일상적인 삶에 기반을 둔 합리성의 또 다른 측면이면서 동시에 물질과 권력의 일방적인 지배에서 벗어날 수 있는 영역이기도 합니다.

하버마스는 의사소통행위이론에 대한 보충으로서, '체계'와 '생활 세계'라는 2단계 사회 개념도 제시합니다. 체계는 규범이 존재하지 않는 냉혹한 사회적 현실인 반면에 생활 세계는 우리의 친숙한 일상 영역입니다. 하버마스는 근대의 합리화 과정은 생활 세계에 각종 제도와 법이 개입하는 양면적 과정이라고 주장했습니다.

하버마스가 다루는 철학 주제는 다양하면서도 복잡하고 난해합니다. 이를 다루는 하버마스의 사상을 관통하는 커다란 두 줄기가 있습니다. 하나는 대화와 타협이라는 합의에 기초한 민주주의의 절차와 제도에 대한 절대적인 믿음입니다. 다른 하나는 현대 사회가 안고 있는 각종 문제점들, 이를테면 경제적 불평등, 사회적 소수자 차별, 정치적 폭력, 부정의, 반인권 등에 대해 끊임없이 비판하고 맞서 싸워야만 이 사회가 좀 더 개선될 수 있다는 신념입니다.

이 책에서 하버마스(하비) 선생님은 언어적 논리력과 대화의 윤리를 지킬 줄 아는 의사소통을 통해 민주주의 원리를 가르치면서 합리적인 정치가를 양성하는 데 노력하고 있습니다. 독일에 홀로 남은 주인공 진서는 시민정치아카데미에서 하비 선생님의 의사소통 프로그램에 참여합니다. 이를 통해 젊은 정치 지망생들의 치열한 논쟁을 지켜보면서 스스로 깊이 생각하고 자신의 생각을 수정하며 발전시키는 성장을 경험합니다.

독자 여러분도 진서의 꿈틀대는 내면의 세계로 들어가 화려한 대화의 향연을 즐겨 보기를 바랍니다.

새로운 계절의 문턱에서

조상식 드림

등장인물

진서

독일에서 중등 교육 기관인 김나지움에 다니고 있는 열여섯 살 소년이다. 독일 유학을 마치고 한국으로 귀국하는 부모님을 따라가지 않고 홀로 남았다. '시민정치아카데미'에서 대학생 형, 누나 들과 함께 수업을 받고 있다. 생각이 깊어서 '애늙은이'라고 불린다.

하비(Harby)

본명은 위르겐 하버마스로, 철학과 교수이면서 시민정치아카데미의 원장이다. 어렸을 때 구순열 수술을 받은 적이 있다. 완고한 성품이지만 인간미가 있다. 여러 방면에 박식한 교양인이다.

클라우스(Klaus)

자유로운 방랑벽이 있는 노숙자로, 모든 속박을 거부한 자유인이다. 가족사에 대해서는 알려진 바가 전혀 없다. 노숙 생활에도 불구하고 절제와 금욕을 지키는 기품이 있다. 독서량이 엄청나다. 환경 문제와 아시아 문화에 관심이 많다. 언변이 뛰어나고 논쟁을 즐기는 편이다. 녹색당을 지지한다.

게리(Gery)

도르트문트의 노동자 집안 출신으로, 괴팅겐대학교에서 법학과 정치학을 공부하고 있다. 총학생회 대학생 권익 위원회 의장이며 사회민주당(사민당) 대학생 조직의 멤버다. 지방 의원 출마를 목표하고 있다.

헬무트(Helmut)

바이에른주의 독실한 가톨릭 집안 출신의 엘리트로, 차분하고 합리적인 청년이다. 괴팅겐대학교 법학부 2학년으로 사법 고시를 준비하고 있으며 기독교민주당(기민당) 청년 조직의 회원이다.

구스타프(Gustav)

법학을 전공했고, 보수적 청년 단체인 헤렌클럽의 차세대 지도자이다. 전통적인 독일 공동체를 추구하는 청년 조직 부르셴샤프트 멤버이며 보수당에도 불만을 갖고 있는 확고한 민족주의자이다.

그 밖의 인물들

토비아스(Tobias), 얀(Jan), 가비(Gabi)

시민정치아카데미에서 수강하는 학생들. 토비아스는 자연 과학을, 얀은 철학을, 가비는 정치학을 전공하고 있다.

독일에 홀로 남은 아이

오늘은 엄마와 아빠가 한국으로 돌아가는 날이다. 나는 독일에 남기로 해서 내가 부모님을 배웅하게 되었다. 공항까지 갔다가 혼자 괴팅겐으로 돌아올 길이 걱정되어 부모님과는 기차역에서 헤어지기로 했다. 역으로 가는 길에 엄마는 유난히 나의 손을 세게 잡는다. 아빠는 생각이 복잡한지 하늘을 올려다보곤 한다.

"여보, 아카데미에 있는 기숙사가 정말 괜찮을까? 걱정스러워."

엄마는 집에서 나오면서 했던 이야기를 또 꺼낸다.

"성인들이 있는 곳이어서 더 낫다고 보는데?"

이미 살림살이 대부분을 서울로 부쳤지만 여전히 짐이 많다. 큰 여행용 가방 두 개를 끌면서 아빠는 정면에 시선을 둔 채 대꾸한다.

"겨우 내년에 고등학교에 들어갈 애인데, 또래 친구들이랑 더 많이 어울려야 하지 않을까?"

엄마는 내 손을 더욱 세게 잡으면서 내 얼굴과 아빠를 번갈아 본다. 아빠의 얼굴은 여전히 정면을 향해 있다.

"진서가 하고 싶은 대로 해 보는 것도 괜찮지……."

아빠가 말끝을 흐리자 엄마는 목소리를 더욱 높인다.

"하지만 애는 애다운 생활을 해야 한다고. 양육까지 이론으로만 접근하는 습관이란……."

아빠는 철학을 전공했다. 그래서인지 컴퓨터 공학을 전공한 엄마와는 자녀 교육 방식이 많이 다르다. 엄마는 아빠가 현실을 모른다고 말한다. 누구의 방식이 맞는지는 모르지만 엄마에 비해 아빠가 확실히 잔소리가 적다.

"여기서 대학을 다니지 않고 김나지움(Gymnasium)만 졸업할 계획이라면 학교 친구들이랑 잘 지내다 오는 게 훨씬 낫잖아."

초등학교 3학년 때 독일에 와서 김나지움 9학년까지 다녔으니 또래 친구들이 없지는 않다. 다만 사회과 수업 시간에 현장 체험 활동으로 방문한 시민정치아카데미에서 알게 된 선생님들과 형, 누나들이랑 더 잘 지내고 있다. 그 영향으로 음악을 좋아하던 나는 어울리지 않게 사회 문제와 정치 문제에 관심이 많아졌다.

"진서 스스로 진로를 결정하게 하자고 약속했으면서 왜 그렇게 걱정이 많아?"

독일에 남기로 한 건 내가 결정한 일이다. 아빠는 조금은 짜증이 난다는 투로 엄마한테 쏘아붙인다. 이제 내가 나설 차례다.

"워, 워. 나는 잘 지낼 테니까 걱정하지 마세요!"

"넌 아직 성인이 아니잖아. 비슷한 나이의 애들이랑 어울리는 게 맞지……."

"헤헤, 하비 선생님이랑 형, 누나 들과 이야기하는 게 더 즐거워요. 대학에 갔을 때 도움도 될 것 같고요. 무엇보다 시민정치아카데미 수업이 학교 수업보다 나아요."

"어떤 점에서 학교보다 낫다는 말이야?"

아빠가 예리한 눈빛으로 질문한다.

"김나지움에서도 토론 중심으로 수업을 하지만 다루는 주제가 단순하고 교과서 내용을 벗어나지 않는 경우가 많아요. 시민정치아카데미에서 이루어지는 토론은 하나의 주제가 또 다른 복잡한 주제들과 얽혀 있다는 걸 보여 줘요. 그럴 때마다 이게 현실이 아닐까 하는 생각이 들어요."

"더 많은 주제와 얽혀 있다……."

아빠가 자세한 설명을 듣고 싶어 하는 눈치다.

"형들이랑 누나들이 대학을 다니거나 사회 생활을 저보다 더 많이 해서 그렇겠지만, 하나의 주제를 더 큰 내용이나 다른 문제와 관련 짓는 방식으로 토론을 하더라고요. 그 복잡성을 명쾌하게 정리하는 게 토론이라고 봐요. 또 민주주의 사회의 기본이 토론이라고 생각하고요."

"참, 내년에 토론 대회가 있대. 진서가 꼭 직관하면서 토론의 진수를 경험하고 싶다네."

엄마가 아빠에게 말했다.

"너, 정치가가 되고 싶니?"

아빠가 물었다.

"아니요, 그렇지만 사람들 사이의 갈등과 다툼을 이해하고 해결하는 방법을 알고 싶어요. 그 일을 정치가만이 할 수 있는지도 고민되고요."

"아직은 정하지 않았다는 말이구나. 아빠처럼 공부를 계속해 보는 건 어때? 사회학이나 정치학 말이다."

아빠가 이렇게 구체적으로 전공이나 진로를 추천한 적은 없었다.

"글쎄요, 아직 전공까지는 생각해 보지 않았어요. 어쨌든 하비 선생님은 민주주의의 기본 원리가 토론에 있고, 합의 과정과 규칙을 이해하고 터득하는 게 시민 소양의 핵심이라고 말했어요. 하비 선생님도 그런 생각을 널리 알리기 위해 시민정치아카데미를 만드셨다고 하더라고요."

"아카데미가 배출한 젊은 정치가도 많다며?"

엄마가 말한다.

"내가 아는 형하고 누나도 니더작센주 지방 의회 의원이 됐어요. 지방 자치 정부를 풀뿌리 민주주의라고도 하잖아요."

"정치가가 되기 위해서도 학습 과정이 필요한데 정치가를 배출하는 학교는 따로 없지. 하비 선생님의 아카데미가 미래의 젊은 정치가를 기르는 역할을 한다고 본다."

"참, 아빠도 하비 선생님을 잘 아시잖아요?"

"대학에서 사회학을 복수 전공했을 때 선생님의 수업도 듣고 책도 읽었지."

"어쨌든, 김나지움만 마치면 한국으로 돌아온다! 이렇게 약속했지?"

"아아…… 으응."

대강 얼버무리는 나의 말에 아빠가 슬쩍 고개를 돌려 나를 본다.

"아무튼 엄마랑 아빠나 잘 지내세요."

독일에서 박사 과정을 마친 아빠는 서울에 있는 대학에서 강의를 하기로 되어 있다. 엄마는 컴퓨터 공학과 수학을 공부해서 그쪽 일을 할 것 같다는 이야기는 들었지만 정확히 무슨 일인지는 모른다.

"엄마랑 아빠가 한국에 정착하느라 바쁠 텐데 제가 한국으로 따라가지 않는 편이 성가시지 않고 더 좋지 않아요?"

내 말을 들은 아빠가 나를 가만히 보다가 빙긋 웃으며 말한다.

"우리 진서가 어른스러워서 엄마와 아빠의 유학 생활에 많은 도움을 줬어."

아빠가 진서의 어깨를 두드려 주었다.

"당신 서재에 있는 책들이 진서를 이렇게 애늙은이로 만들었다니까."

"하하."

엄마의 말에 아빠는 큰 소리로 웃는다. 독일 책을 읽지 못하던 초등학생 시절에 나는 아빠가 한국에서 가져온 철학 책을 많이 읽었다. 완전히 이해할 수는 없었지만 대강의 뜻은 알 수 있었다. 그러다가 독일어를 하기 시작하면서부터는 아빠와 함께 도서관에 가서 많은 책을 읽었다.

"책을 읽었다고 완전히 소화하는 건 아니야. 우리 진서도 자기 능력만큼 이해하고 받아들인 거지. 오히려 당신 닮아 너무 똑똑하고 현실적이라고. 하하."

"또 저런다."

엄마가 가만히 있지 않는다.

"나처럼 그냥 자연 과학을 전공하면 좋은데, 당신 영향을 받아서 사회, 정치, 교육, 역사 이런 데 너무 관심을 갖게 됐잖아."

"우리 둘 다 닮은 거지. 진서는 아주 훌륭한 사람이 될 거야."

아빠가 말하면서 나에게 윙크를 보낸다. 우리는 잠시 말없이 걸었다. 이렇게 나란히 걷는 일도 한동안 없을 것이다. 걷다 보니 이내 기차역 플랫폼에 도착했다.

"잘 지낼 수 있지?"

엄마가 다시 한번 내 손을 잡으면서 말한다. 표정이 아빠랑 농담을 주고받을 때와는 다르다.

"걱정하지 마세요. 저 다 컸어요."

나는 대답하면서 엄마와 아빠의 얼굴을 한 번 더 바라보았다.

"문제 있으면 프랑크푸르트에 있는 지영이 엄마에게 도움을 부탁하고……."

지영이네는 오래전부터 알고 지내 온 가족이다. 크리스마스나 부활절 같이 긴 휴가 기간에 그 집으로 자주 놀러 갔다. 두 가족이 그리스로 함께 여행을 가기도 했다.

"알았어요. 엄마."

몇 마디 채 나누기 전에 기차가 도착한다는 안내 방송이 흘러나온다. 그동안 부모님과 가깝게 지내던 유학생들이나 독일 친구들은 며칠에 걸쳐 송별 파티를 가졌기 때문에 오늘 배웅 자리에 나오진 않았다. 아빠가 유난스러운 걸 싫어하기 때문이기도 하다.

"내년 여름방학 때 한국에 갈게요."

나의 말에 엄마는 고개만 끄덕인다. 멀리서 기차가 오고 있다. 엄마가 나를 꽉 껴안는다. 아빠도 왼손으로 내 어깨를 당기며 안는다. 기차에 오른 엄마와 아빠는 좌석을 찾느라 분주하다. 자리를 찾는 움직임을 따라 나도 따라 걸었다. 좌석을 찾은 두 사람은 이내 창문 밖의 나를 찾는다. 아빠는 손을 흔들고 엄마는 손을 창문에 대고 고개를 끄덕였다. 다른 한 손으로는 눈물을 닦는다.

부모님과 헤어진 후 한 달 동안은 힘이 들었다. 김나지움에는 기숙사가 없었기 때문에 나는 아카데미 숙소에서 생활했다. 아카데미는 기숙사 식당이 있어 식사를 해결하는 데 문제는 없었지만 세탁은 직접해야 했다.

　미성년자인 내가 혼자 머무르기 위해서는 독일 현지에 있는 법적 후견인을 지정해야 했다. 하비 선생님이 그 역할을 해 주었다. 선생님은 아빠의 스승이기도 해서 흔쾌히 도와줬다. 그 밖의 복잡한 서류는 부모님이 해결해서 자세한 내용은 모른다. 의료 보험이나 재정 보증 같은 게 반드시 있어야 한다는 이야기는 들었다. 그러다 기말고사 기간이 찾아와 바쁘게 지내면서 부모님과 생전 처음으로 헤어져 지내는 슬픔은 어느새 잠잠해졌다.

1

녹색당 지지자 클라우스

나와 하비 선생님은 오랜만에 점심을 같이한 다음 그 말썽꾼을 찾아 나섰다. 우리는 빌헬름 광장 오른쪽을 감싸며 도는 중앙순환도로를 가로질러 급하게 내려갔다. 그 길목에는 라트하우스 광장이 있는데 그곳엔 예전에 시청으로 사용되던 건물이 있다. 현재 건물의 반지하에는 고급 레스토랑이 들어왔고, 위층은 관광 안내소로 운영한다.

내가 열 살 때, 부모님과 독일 괴팅겐에 처음 와서 이곳에 놀러 왔던 기억이 뚜렷하다. 그때, 괴팅겐의 상징 인물인 수학자 가우스[1]의 초상이 그려진 컵을 샀다. 수학을 싫어하는 내가 가우스를 좋아했는지는 확실하지 않지만 어쨌든 그 기억이 선명하다. 그 컵은 독일 특유의 어둡고 칙칙한 안내소의 보잘것없는 기념품 진열장에 놓여 있었다.

"진서우, 겐젤리젤 옆으로 지나가자."

하비 선생님 목소리에 추억에서 깨어났다.

하비 선생님을 만난 지도 꽤 지났지만 여전히 내 이름을 부르는 선생님의 발음이 신경 쓰인다. 독일어 발음으로는 진서를 그렇게밖에 발음할 수 없다는 게 안타깝다.

"크리스마스 시장이 서려면 아직 멀었는데 웬 차들이 저렇게 많이 서 있지?"

선생님이 광장 오른편으로 고개를 돌리며 말씀하셨다. 크리스마스 한 달 전부터 이곳 광장에는 시장이 선다.

"아직 11월 2일인데……."

이곳에는 아주 오래된 전통이 있다. 괴팅겐대학교에서 박사 과정을 마친 학생은 겐젤리젤 분수대에 있는 거위 소녀 동상과 키스를 한다. 괴팅겐대학교의 역사가 거의 300년이니 이 거위 소녀는 아마도 세상에서 가장 많은 키스를 받은 소녀라고 할 수 있다.

마침 한 무리의 젊은이들이 키스 세리머니를 하고 있다. 관광객들이 이 모습을 사진에 담느라 정신이 없다. 검정 종이로 투박하게 만든 박사모를 쓴 대학생 누나가 동상에 올라가 키스를 하자 축하하러 온 일행이 박수와 환호를 보낸다. 그 옆에는 허름한 수레가 세워져 있는데, 이제 막 박사가 된 사람이 타는 수레다.

"독토르 마이네켄(마이네켄 박사님)!"

여러 명이 동시에 외치자 광장에 있는 사람들의 시선이 쏠린다.

선생님과 겐젤리젤의 즐거운 소란을 뒤로 하고 광장 왼쪽 코너를 지나친다. 이곳에는 이 도시에서 가장 오래됐다는 약국이 있다. 검은색 현관문에 금박 테두리를 한 목조 외관은 충분히 역사가 오래됐음을 보여 준다.

광장을 빠져나가자 선생님의 발걸음은 더 빨라진다. 통 넓은 바짓단이 유난히 펄럭이며 소리를 낸다. 순환 도로의 횡단보도를 지나면 요하네스 교회가 있다. 14세기에 건립된 전형적인 고딕 양식의 소규모 석조 건물이다. 원래는 가톨릭 성당 건물이었는데 16세기 종교개혁 이후에는 루터파 개신교회당으로 사용되고 있다.

교회 왼쪽 모퉁이를 지나자 그 말썽꾼, 클라우스 형이 보인다. 형은 평평한 돌로 놓은 보도블록에 앉아 있다. 그 옆에는 여느 때처럼 형의 파트너인 슈렉이 배를 바닥에 붙이고 누워 있다. 슈렉은 짙은 갈색 털을 가진 독일 셰퍼드다.

"클라우스 형이 저기 있네요."

나의 말에 하비 선생님이 고개를 끄덕인다. 침침하신지 눈을 가늘게 뜬 채 미간을 찡그리면서 클라우스 형을 바라본다.

"어서 가자."

우리는 쇼핑몰 앞의 붐비는 사람들을 이리저리 피하며 클라우스 형에게 다가갔다. 그는 화려한 쇼핑몰 벽을 등지고 바로 건너편에 있는 알디(Aldi)[2] 마트를 바라보고 있다. 그곳에서 나오는 고객에게 구걸하기 위해서였다. 언젠가 클라우스 형이 이렇게 말했다.

'돈 한 푼이라도 던져 주는 사람들은 큰 백화점에서 나오는 사람 보다는 알디에서 나오는 사람들이지. 나를 보고 주는지 슈렉을 보고 주는지는 확실히 모르겠지만……. 하하.'

웃음으로 마무리한 클라우스 형의 말이 웃기면서도 신기했다. 개를 워낙 좋아하는 독일 사람들이라 그럴 수도 있겠다 싶었다. 또 아주 잘살지도, 아주 못살지도 않는 사람들이 남을 돕는 데 더 적극적일 수도 있겠다는 추측도 해 보았다.

"너는 연락도 없이 이렇게 행동하면 어쩌겠다는 거냐?"

하비 선생님의 화난 목소리에도 형은 여전히 맨바닥에 앉은 채 실실 웃으면서 고개를 들었다. 훈계하는 선생님에게 공손하지 못한 태도로 대하는 제자를 보는 상황에 이제 조금은 익숙해졌다.

"선생님, 제가 핸드폰이 없어서 그렇잖아요. 정말 죄송합니다. 헤헤……."

클라우스 형은 핸드폰이 없다. 핸드폰을 살 돈도 없을 뿐더러 나름대로 신념 때문이다. 핸드폰이 인간관계를 파괴하는 문명의 나쁜 산물이란다. 클라우스 형의 주장이다. 어쨌든 선생님의 불호령은 계속된다.

"그래도 오늘처럼 중요한 일정이 있는 날에는 미리 네가 어디 있을지 알려 주어야 되지 않겠냐? 왜 너는 항상 이런 식이지?"

녹색당 지지자 클라우스

선생님 입술이 오른쪽 위로 더욱 치켜 올라간다. 입술에 있는 수술 자국이 더욱 도드라져 보인다. 선생님은 윗입술이 갈라진 구순열을 갖고 태어났다. 다행히 네 살 때 수술을 통해 입술이 제대로 봉합됐고, 사는 데는 별 불편함이 없다고 한다. 그렇지만 약간 발음이 새는 건 어쩔 수 없다. 하비 선생님이 언어에 그토록 관심을 갖게 된 것도 이런 개인적인 경험 때문이라고 언젠가 클라우스 형이 말했다.

"아, 오늘 오후에 토론 대회 준비 모임이 있었죠?"

자신의 잘못을 인정하는 형이지만 기가 죽은 말투는 아니다.

"네가 하는 행동이 도대체 아우토노머(Autonomer)들이랑 뭐가 다르냐?"

독일에 처음 왔을 때 역 앞이나 공원 같은 공공장소에서 쉽게 만나는 아우토노머들을 두려워한 적이 있었다. 짙은 색의 가죽옷을 주로 입고 모히칸 머리 스타일에 밝은 푸른색으로 염색을 한 이들은 거칠고 폭력적으로 보였다. 이런 독특한 모습 때문에 사람들은 종종 이들을 폭력배로 착각하기도 한다.

하지만 알고 보니 그들은 시민에게 무작정 폭력을 행사하는 젊은이들이 아니었다. 특히 그들은 인종주의자인 네오나치와 맞짱을 뜨는 투사들이었다. 외국인에게 친절한 아우토노머는 대체로 나에게도 우호적으로 대해 주었다.

"우리 아카데미도 조직이고 나름대로 규칙이 있다. 그런 걸 완전히 부정하면 아나키스트(anarchist)[3]와 뭐가 다르냐는 말이다.”

“아, 선생님. 논리적 비약을 하시네…….”

“왜 논리적 비약이지?”

“아우토노머도 다양한 색깔이 있잖아요. 저처럼 녹색당을 지지하는 사람들도 있어요. 헤헤…….”

“그래서 지난번 아우토노머 집회에도 다녀왔냐?”

이렇게 논쟁이 시작되면 화난 표정이 금세 사라지는 선생님이 항상 놀랍다.

“난민을 받아들이자는 시위니까 연대(solidarity)[4]의 차원에서 참가했죠.”

보통 옅은 웃음을 띤 형의 표정은 논쟁 초기에 나타난다. 그러나 본격적으로 논쟁이 진행되면 웃음은 사라지고 푸른색 눈은 더욱 커진다. 물론 지금은 그런 상황은 아니다.

“아무튼 아카데미로 가자.”

가벼운 논쟁이 일단락됐다. 하비 선생님이 이렇게 꾸지람을 해도 형에 대한 애정은 엄청나다.

“형, 오늘 수입은 어때요?”

“너! 또 수입이라고 했냐? 이 녀석!”

“헤헤, 얼마 벌었냐고요.”

"야, 너는 음악가가 왜 돈을 밝히냐?"

형은 음악을 좋아하는 내게 독일 음악가들이 부를 축적하는 데 관심이 많았다고 종종 이야기했다. 중산층의 위선이 가장 많이 남아 있는 분야가 바로 음악이라는 것이다.

"구걸보다는 낫지 않나? 헤헤……."

"수입보다는 차라리 구걸이 낫지. 더 정확하게 표현하자면, 이건 내가 소비자들에게 환경 문제에 대해 이야기하고 받는 대가라고 할 수 있고."

클라우스 형은 노숙자이지만 녹색당을 열렬히 지지할 정도로 환경 문제에 깊은 관심을 갖고 있다. 또 많은 분야에서 해박한 지식을 자랑한다. 어디서 그런 지식을 습득했는지 놀라울 정도로 탁월하다.

"하비 선생님, 이제 출발하죠."

클라우스 형이 미안한 표정을 지으며 말했다.

"오랜만에 시내에서 점심을 먹을 기회가 있어서 이렇게 너를 직접 잡으러 왔지만 다시는 약속을 잊지 말기를 바란다."

"알겠습니다. 마이스터!"

클라우스 형은 이렇게 난처한 상황에 처했을 때 선생님에게 마이스터라는 호칭을 사용하곤 한다. 그럴 때마다 선생님은 싫어하신다. 상하 관계를 나타내는 옛 잔재라고 하셨다. 우리말로 사부님 정도로 번역될 수 있으니까 이해가 간다.

"클라우스야, 내키지 않겠지만 늦었으니 버스를 타자."

환경을 생각하는 형은 주로 걷거나 자전거를 타기 때문에 선생님이 양해를 구했다.

[1] 카를 프리드리히 가우스(Carl Friedrich Gauss, 1777~1855). 독일의 수학자이며 괴팅겐 대학교 수학과 교수였다. 수학의 다양한 방면인 대수학, 해석학, 기하학 등에서 뛰어난 업적을 남긴 19세기 최고의 수학자이다.

[2] 독일에서 가장 큰 중저가 생활용품 마트.

[3] 무정부주의자.

[4] 주로 '약자들의 입장이나 이익을 위해 힘을 모으다.'라는 의미를 가진 단어이다.

2

시민정치
아카데미

시민정치아카데미는 시내에서 버스로 15분 정도 걸리는 위치에 있다. 시내 북쪽 지역에서 가장 규모가 큰 양로원 시설 인근이다. 하비 선생님이 니더작센주 정부와의 기나긴 협상을 통해 주 정부 소유의 공공건물을 거의 무료로 제공받았다. 버스에서 내려 횡단보도를 건너 골목길로 100미터 정도 올라가면 짙은 붉은색 벽돌 벽과 하얀색 아치형 지붕의 건물이 나타난다. 어떻게 보면 국적 불명의 건물이라 할 정도로 개성이 없다.

"동물을 싫어하는 사람은 정치 성향에서나 인성에서 확실히 문제가 있어."

클라우스 형은 버스에 데리고 탄 슈렉에게 노골적으로 불평했던 승객 한 명에 대해 악평을 늘어놓는다.

"대중교통에 애완견을 데리고 탈 수 있게 된 것만 해도 사회적으로 진보한 것 아니겠니?"

하비 선생님이 클라우스 형을 타이른다.

"동물에 대한 태도만 보아도 그 사람의 많은 걸 알 수 있다고 봅니다."

형은 분을 삭이지 못한다.

"그건 지나친 일반화 오류예요."

"어이, 킨더 뮤즈! 나는 말이야 설득력 있는 통계 자료를 바탕으로 내 주장이 옳다고 말하고 있거든. 그런 의미에서 나의 테제[5]는 옳다고."

형이 약간 비꼬는 말투로 나를 부르는 별명이 킨더 뮤즈다. 어린 음악가라는 뜻이다. 기분이 좋지 않은 표현이다. 논쟁을 할 때는 특히 그렇다.

"실제로 조사해 보면 형의 주장은 틀릴 수도 있다고요. 동물에 대한 태도에 인성이나 정치의식과 같이 관련이 없는 걸 결부하면 안 된다고 봐요."

이쯤 되니 나도 지고 싶지 않았다.

"나는 두 요소 사이에 관련이 있다고 봐. 우리 한번 연구해 볼까? 헤헤."

"오히려 동물에 대한 애착은 인간 중심 관점이라고 보는데요. 동양 노장 사상의 철학자인 장자는 '학의 다리가 길다고 자르지 마라.' 하고 말했어요. 자연의 것은 자연 그대로 두어야 하며 인간 마음대로 재단해서는 안 된다는 말이죠."

"진서야, 네가 말하는 인간 중심적 사고라는 주장 자체가 인류 문명의 역사에서 보자면 진보적인 흐름이야. 너는 스스로 자기 주장을 부정하고 있다고 보는데?"

"아니죠. 인간 중심이라는 주장은 단지 최근의 관점 아닌가요? 모든 시대에 존재했던 관점이 아니죠."

"일단 거기까지만 하고 사무실로 들어가자."

하비 선생님이 우리의 대화를 중단시켰다. 클라우스 형은 이렇듯 매사에 논쟁적이다. 형과 논쟁할 때면 종종 불쾌한 기분이 든다. 아카데미에서는 좋은 평가를 받지만 밖에 나가서는 원만히 지내지 못할지도 모른다는 생각이 들었다.

지난번에도 반려견 이야기를 하면서 우리나라의 개고기 먹는 풍습을 들먹거려서 기분이 좋지 않았다. 하비 선생님도 토론에 감정을 끌고 들어오는 건 나쁜 태도라고 말했다. 그래도 클라우스 형이 중학생인 나를 논쟁 상대로 진지하게 받아들여 준다는 점은 고맙다.

"안녕하세요? 선생님."

큼직한 눈에 짙은 갈색 머리를 가진 사람이 인사한다. 게리 형이다. 게리 형은 이미 정치가의 분위기를 풍기는 대학생이다. 괴팅겐대학교에서 법학과 정치학을 공부하고 있다. 법학 전공자가 정치학을 복수 전공하는 건 드문 경우다. 독일에서 법학을 전공하는 학생들은 대체로 보수적인 정치의식을 가진 중산층 이상의 집안 출신이 많은데, 게리 형은 그렇지 않다고 들었다. 재혼 가정에서 성장했고, 이복형은 하수도를 고치는 일을 한다. 독일에서도 가장 힘들고 고달픈 직업이 하수도공이다.

"그래, 게리구나."

우리는 그를 게리라고 부른다. 처음에 이 이름을 들었을 때 강아지 이름이 연상되어 속으로 웃은 적이 있다.

"국가 고시 준비는 잘 되어 가고?"

"일 년 정도 연기할까 해요."

"왜? 내년 4월 언제라고 들었는데."

"아스타 일이 아직 마무리되지 않아서요."

아스타는 대학교 학생 의회를 말한다. 우리나라와 달리 독일의 대학교 학생회는 국회처럼 구성되어 있다. 학생 선거에서 가장 많은 득표를 얻은 학생 정파가 학생회를 차지하는 구조다. 과반의 표를 확보하지 못하면 연립 정부를 만들어 학생 의회를 차지한다. 게리 형은 간부로 활약 중이다.

"아직도 정리가 되지 않았냐?"

"예, 2년 전 학생 의회 선거의 후유증이 크네요."

게리 형이 말하는 2년 전 학생 의회 선거는 괴팅겐대학교 역사상 길이 남을 대사건이었다고 한다. 학생 의회 선거 투표율이 무효 기준

선인 15퍼센트 이하로 떨어져 두 차례의 재선거라는 우여곡절 끝에 보수적인 학생 정파가 집권했다. 보수 세력이 학생 의회를 차지한 건 괴팅겐대학교 학생 의회가 생긴 이래 최초였다고 한다. 전통적으로 진보적인 학풍으로 유명한 괴팅겐대학교였기 때문에 전국 일간지에서도 이 사건을 보도했다.

"어떤 후유증?"

하비 선생님의 질문에 게리 형은 손가락 끝을 모아 손을 동그랗게 만드는 특유의 제스처를 취한다. 이제 심각한 말을 하겠다는 뜻이다.

"학생회 구성이 점점 어려워지는 거요. 처음엔 보수 계열 학생들이 학생회를 차지하는 게 걱정이었는데요, 그들이 집권하면서 오히려 학생들의 학교생활과 관련한 각종 복지 문제가 제법 해결됐어요. 그래서 사회 민주주의 학생회에서도 많은 반성을 하게 됐고요. 그동안 우리가 이상적이고 막연한 정책만 외치지 않았나 하는 반성이 들었죠. 사실 학생들의 권익이나 복지 문제도 학생회의 중요한 문제가 맞죠. 그래서 우리의 지향과 활동에서 이 간극을 어떻게 줄일지 고민이에요."

어느새 우리 일행은 아카데미 사무실로 들어와 자리를 잡고 앉았다. 나는 어리지만, 이렇게 어른들의 세계에 참여할 수 있는 특권을 갖고 있다. 단지 이곳에 기숙사가 있기 때문이 아니라 정치에 관심이 많은 나를 관대하게 받아들여 주는 멋진 어른들 덕분이다.

"바로 그게 생활 세계 영역에서의 민주화지."

하비 선생님이 미소를 지으며 말했다.

"생활 세계에서의 민주화라뇨?"

게리 형이 반문한다.

"지난번 학습 토론에서 다루었던 주제가 바로 체계와 생활 세계의 관계였잖니?"

"선생님의 개념으로 구분하자면, 학교 안에서 대학생의 생활과 관련된 사안은 생활 세계 차원이 되겠네요?"

"바로 그거다. 체계란 규범이 작동되지 않는 자연 세계나 경제 분야를 가리키고, 반면에 생활 세계란 공동체 안에서 살아가는 구성원들이 너무나 익숙한 나머지 의문조차 제기하지 않는 친숙한 영역을 말한다."[6]

"어렵네요. 예를 들어 생활 세계에 속하는 게 뭐가 있나요?"

옆에서 듣고만 있던 내가 끼어들었다.

"가족, 친구 관계, 교사와 학생……. 참! 아카데미에서 형성되는 우리 관계에도 생활 세계 특성이 들어 있다고 할 수 있겠지?"

"그렇네요. 그런 면에서 이번에 보수 정파 학생들과 함께한 의회 활동은 그들을 이해하는 좋은 기회였어요."

게리 형이 눈을 반짝이며 답했다.

"우리가 서로를 이해하면서 교류하는 게 바로 의미 차원의 활동이지. 여기서 의미란 예컨대, '물건 같은 대상이나 사건이 인간에게 어떤 영향을 주는가'를 물을 때 등장하는 것이란다. 이런 의미를 이해하는 일이 가장 중요한 과제야."

"자연이나 경제 영역에서는 그런 의미의 이해가 존재하지 않는다는 말씀인가요?"

이제 클라우스 형도 질문한다.

"좋은 질문이다."

항상 느끼지만 하비 선생님이 클라우스 형의 발언에 응답할 때는 눈빛이 다르다. 형은 분명 선생님의 애제자이다.

"자연이나 경제 영역 같은 세계에 규범이 작동하지 않는다는 말은 그들 영역을 인간의 문제로 보지 않고 단순한 사실 차원으로만 본다는 뜻이야. 따라서 이해는 '어떤 대상이나 사건이 인간과 어떤 관련이 있는지 생각함'을 뜻하지."

"자연을 이해한다는 말은 논리적으로 틀린 말이네요?"

내가 질문했다.

"나의 구분에 따르면 그렇지. 자연처럼 가치가 들어 있지 않은 건 이해가 아니라 설명을 통해 접근할 수 있어."

"이해와 설명의 구분은 철학자 딜타이[7]가 19세기 후반에 내린

이분법의 전통이 아닌가요?"

게리 형의 말이다. 토론이 흥미로워진다.

"이미 알고 있구나?"

하비 선생님이 흡족해하신다.

"법철학 강좌에서 배운 것 같아요."

"자세히 설명해 보렴. 게리 네가 알고 있는 바대로……"

하비 선생님의 요청에 게리 형이 조금도 지체하지 않고 대답한다.

"해석학은 인간을 둘러싼 모든 것의 의미를 이해하는 철학이라고 들었어요."

"정확히 알고 있구나."

미소를 지은 하비 선생님은 다시 주제로 돌아왔다.

"정치적인 입장이 달라도 의사소통이라는 이해 과정을 거치면 모두가 공통의 기초 위에 있음을 깨닫게 되지. 그게 바로 생활 세계다."

게리 형이 다시 질문한다.

"생활 세계는 흔히 말하는 상식의 차원을 말하나요?"

"그렇게도 볼 수 있지. 다양한 입장의 차이에도 불구하고 공통되는 부분이 바로 상식이라고 할 수 있어."

"선생님, 저번에 언어에 대해 강의하신 적이 있잖아요. 상식을 언어와 관련지어서 설명이 가능하다고 봐요."

"오! 진서우 이야기해 보렴."

"직업이 다양해진 현대 사회에서 각 분야에서 사용되는 언어는 마치 은어처럼 자기들 세계에서만 이해되고 있어요. 그래서 외부 사람들은 무슨 말인지 전혀 모르잖아요. 언젠가 독감으로 병원에 갔는데 의사 선생님이 쓰시는 처방전이랑 의학 용어가 통 무슨 말인지 모르겠더라고요."

갑자기 게리 형이 씩 웃는다.

"진서야. 그건 있잖아, 의사들이 아무도 자신의 영역에 침범하지 못하게 하는 일종의 장치라고 할 수 있어. 흐흐."

게리 형의 말에 모두들 웃는다.

"아무튼 형⋯⋯."

나는 계속 말을 잇고 싶었다.

"전문가들의 언어는 소통 불가능하다는 특징이 있는 것 같아요. 선생님이 말씀하시는 상식은 바로 직업별로 구분된 은어 이전에 공통으로 사용되는 언어의 차원과 같은 거 아닌가요?"

하비 선생님이 턱을 쓰다듬으며 대답한다.

"생활 세계와 언어의 관련성에 대해서는 내 제자 몇 명이 논문으로 발표한 적이 있는데, 진서우의 생각이 그와 관련이 있다고도 할 수 있겠구나."

나는 괜히 우쭐해졌다.

"그런데 말입니다, 경제 영역에 규범이 없다는 말씀에는 동의할 수 없는데요?"

게리 형의 다소 공격적인 질문에 하비 선생님이 미소 짓는다.

"제법 예리한 질문이다. 앞으로 더 토론할 가치가 있는 질문이야. 이 주제는 다음번 강의 주제이기도 하니까 오늘은 여기까지만 하자. 허허……"

역시 게리 형은 똑똑하다. 게리 형과 선생님의 가벼운 인사가 또 이렇게 토론 과정으로 치닫고 말았다. 자주 있는 일이라 새삼스럽지는 않다.

"어쨌든 문제는 학생들이 학생회 선거에 워낙 참여하지 않아서 아직 다음 학생회가 만들어지지 않았다는 거예요. 이 문제를 두고 보수 계열 학생들과 진지하게 논의하면서 공동의 과제라고 공감하게 됐어요."

"요즘 젊은이들이 정치에 관심을 갖지 않는 게 흔한 현상이라고는 하지만 그 정도일지는 몰랐구나."

하비 선생님은 잠시 눈을 지그시 감는다.

"대학생들 니들이 그렇지 뭐……"

클라우스 형이 비꼬듯 말을 던진다.

"자, 이 이야기는 그만하자."

하비 선생님이 감정적인 말싸움을 예견하고 말을 가로챈 다음 대화를 다른 방향으로 이끈다.

"오늘 클라우스를 급히 찾은 건 내년 초에 예정된 〈미래의 정치가 토론 대회〉가 두 달 앞으로 당겨져 미리 준비해야 할 게 많아졌기 때문이다."

하비 선생님의 말에 이곳에 모인 모든 사람이 집중할 수밖에 없었다.

"갑자기 일정이 앞당겨지다뇨?"

게리 형과 한바탕 논쟁을 할 것만 같았던 클라우스 형도 하비 선생님의 말에 집중했다.

"너희들도 알다시피 우리 아카데미에서 개설한 정치 토론 과정 수료자들이 정치에 입문할 수 있는 가장 좋은 기회가 바로 이 토론 대회다."

"그렇죠. 클라우스 형이나 게리 형처럼 정치가의 꿈을 가진 사람들에게는……."

나도 공감의 말을 던졌다. 아카데미 학생들 가운데 정치가를 꿈꾸고 있는 사람에게 토론 대회는 지방 의회 선거에 출마하는 데 좋은 경력이 된다고 익히 들었다. 하비 선생님이 철학 분야에서 명성이 있고 베를린 중앙 정치계에 상당한 영향을 미친다는 점에서 이는 과장이 아니다. 하비 선생님이 운영하는 아카데미 졸업생들 가운데 이미 국회 의원이 다섯 명이나 있다.

"게리, 국가 고시는 이미 연기했고 학생회 일이 정리가 된다면 두 달 뒤에 열리는 토론 대회에도 참여할 수 있지 않겠니?"

하비 선생님이 먼저 게리 형에게 이렇게 말하는 건 어쩌면 클라우스 형을 자극하기 위해서인지도 모른다. 두 사람은 정치적 입장에서 차이가 있는 라이벌이기 때문이다.

"시험은 연기했지만 학생회 일을 정리하는 데는 시간이 더 필요해서요. 새 학기에 있을 학생회 선거까지는 집중해야 하니까요. 그렇지만 토론 대회에 참가하는 건 가능할 것 같아요. 평소 실력대로 하죠, 뭐. 헤헤."

"다행이구나."

"클라우스 형의 연습 파트너도 할 수 있고요."

그렇다! 이 말로 인해 클라우스 형의 표정뿐만 아니라 모임의 분위기가 갑자기 온화해졌다. 게리 형은 분위기 파악의 명수다. 형의 강점임에 틀림없다.

"오오, 게리! 배려심이 넘치는데! 확실히 게리는 법학을 공부하는 사람은 이기적이라는 선입견을 깰 친구야."

클라우스 형이 노골적으로 게리 형을 치켜세운다.

"형, 왜 이래. 나 원래 형 좋아하잖아. 헤헤……"

게리 형이 웃으며 맞대응해 준다. 확실히 게리 형은 일반적인 법학도들과는 다르다. 사회 문제에 적극적으로 참여하는 법학도라니, 확실히 유별나다. 독일 대학생들 사이에서 법학도 이미지는 깔끔한 와이셔츠에 단추를 맨 위까지 잠근 채 두꺼운 법전을 펴 놓고 하루 종일 도서관의 좋은 자리를 차지하는 대학생이라고 들었다. 이런 이미지는 법학도를 싫어하는 다른 전공 학생들이 만들어 놓은 편견이겠지만, 법학 전공자들 가운데 유복한 가정환경을 가진 사람이 많은 건 사실이다.

"게리가 클라우스의 훈련 상대가 되면 서로 많은 도움을 주고받을 수 있겠구나."

하비 선생님이 게리 형을 대견스럽게 보면서 말한다. 사실 게리 형은 앞으로도 토론 대회에 참여할 기회가 많이 있는 젊은 대학생에 속한다. 반면에 클라우스 형은 이미 나이가 서른에 가깝다. 언제까지 단순히 정치 지망생으로 기다릴 수 없는 처지다. 하비 선생님은 이 점을 잘 알고 계셨다.

"이번에 저쪽에서는 누가 나오나요?"

클라우스 형이 단도직입적으로 묻는다. 저쪽이라 함은 보수 정파 대학생들을 말한다.

"아마 예년처럼 헤렌클럽(Herrenclub)이나 기민당 혹은 자민당[8]

에서 나오지 않을까요?"

게리 형이 더욱 진지한 투로 말한다. '기독교민주연합'을 줄여서 기민당이라고 부른다. 보수적인 기독교 정당이다. 하지만 헤렌클럽은 처음 듣는 말이다. 내가 게리 형에게 물었다.

"헤렌클럽이 뭐예요?"

"전통적인 독일 공동체의 회복을 추구하는 보수적인 단체야."

"기민당보다 더 보수적이라고? 헤렌클럽 사람들은 외국인을 혐오해요?"

"그렇게 말하면 아시아에서 온 진서가 제대로 이해할 수 있을까? 오히려 잘못된 이미지만 전달하는 꼴이 될 수도 있어."

클라우스 형이 낮은 목소리로 제법 진지하게 끼어들었다.

"최근에 저들이 난민 문제에 혐오적인 반감을 공개적으로 보여 준 걸 보면 지나친 편견은 아니라고 보는데요?"

게리 형이 반문했다.

"둘 다 맞는 말이다. 다른 조직을 너무 무시하는 평가이기도 하지만 최근에 헤렌클럽이 브렉시트(Brexit)[9]를 환호한 걸 보면 분명한 입장을 보여 주었다고도 할 수 있지."

하비 선생님도 눈을 깜박거리며 동의를 표했다.

"아무튼 이제 본격적으로 준비를 해야겠네요?"

클라우스 형이 말을 돌리자 하비 선생님이 기다렸다는 듯이 말한다.

"토론 일정이 내일쯤 공지되니까 내일 또다시 모여야 한다. 게리와도 미리 조율을 하고……. 우리 아카데미의 참가 준비팀 구성도 서둘러야 할 것 같다."

"잘 알겠습니다."

뜸도 들이지 않고 대답하는 클라우스 형과 함께 준비팀의 일원인 나도 고개를 끄덕였다. 이어서 클라우스 형이 몸을 일으켰다.

"저는 이만 가도 되나요? 약속이 있어서요."

형의 말에 나도 짐을 챙겼다.

"나도 같이 가요. 형."

하비 선생님과 게리 형이 함께 연구실로 들어가고, 우리는 아카데미를 나왔다. 아카데미 출입문 바깥에 얌전히 앉아 있던 슈렉은 클라우스 형을 보자 금세 일어난다. 여느 때처럼 시내까지 걸어가자는 형의 말에 같이 움직인다.

"그럼 클라우스 의원님이 되는 건가?"

내가 농담조로 말하자 클라우스 형이 너털웃음을 터뜨렸다.

"아직 멀었다. 엄청난 실력자가 많으니까. 나 같은 노숙자가 지방 의회에 진출하면 큰 사건이지. 독일이라는 나라가 그럴 준비가 되어 있을까?"

"형만큼 환경 문제 전문가가 어디 있어요? 대기업도 무릎 꿇게 만든 사람이잖아요."

클라우스 형은 독일의 유명 잡지 〈슈피겔(Der Spiegel)〉[10]이 보도한 사건의 주인공이다. 형은 평소에 알고 지내는 환경 운동가들과 함께 음료수를 만드는 대기업의 병 환수 실태를 폭로해 해당 기업을 궁지로 몰아넣었다.

독일에서는 재활용으로 사용되는 병에 판트(Pfand)라는 담보금이 부과되어 있다. 소비자는 담보금이 포함된 가격으로 물건을 사고 나중에 병을 마트에 가져다주면 담보금을 돌려받는다. 클라우스 형 같은 노숙자들에게 이 병은 중요한 수입원이다. 30센트가량인 담보금을 받으러 가는 일을 귀찮아하는 시민들을 대신해 노숙자들이 이 병들을 수거한 다음 마트에서 돈으로 교환한다. 이 제도는 환경 보호를 위해 시민들의 작은 실천을 유도하는 것인데, 사실상 이 제도를 적극적으로 이용하는 클라우스 형 같은 노숙자들이 환경 보호의 실천가인 셈이다.

대기업인 '스파'는 음료수 병 디자인 변경을 이유로, 이렇게 힘들게 수거한 병들을 재활용하지 않고 몰래 폐기했다. 그 수는 500만 개에 달했다. 클라우스 형은 환경 보호 단체가 회사의 폐기 시도에 관해 증거를 모으는 작업에 참여했다. 워낙 비밀스러운 작업이었지만 형이 용감하게 회사에 잠입한 다음 결정적인 증거를 잡아냈다. 형

시민정치 이야기에미

이 폭로의 주역이 된 것이다. 이 사건 이후 클라우스 형은 독일에서 가장 유명한 노숙자가 되었다고 해도 결코 과장이 아니다.

"글쎄다. 내가 아는 분야는 환경뿐인데……."

"아니야, 형. 엄청난 독서량에 모르는 게 없잖아요?"

"대학을 다니면서 체계적으로 공부한 사람들에 비하면 그냥 귀동냥 수준이지."

형이 아주 겸손한 태도로 돌변했다.

"궁금한 게 있어요, 형."

"뭔데?"

"만약 의회에 진출해도 이 낡은 검은 부츠 신고 다닐 거예요?"

"하하. 글쎄다. 퍼포먼스 한번 해 봐?"

"재밌겠네. 잘 차려입은 의원 나리들이 어떻게 반응할지 궁금하네요."

"그래도 부츠를 닦기는 해야겠지?"

"하하."

우리는 웃으면서 시내로 계속 걸어갔다. 일찍 어두워지는 북부 유럽의 저녁 풍경이 펼쳐졌다.

[5] 독일어로 'These', 영어로 'thesis'. 아직 과학적으로나 사회적으로 검증되지 않은 채 제시되는 주장을 가리키는 용어이다.

[6] 출처: 위르겐 하버마스, 《의사소통행위이론 2》(나남, 2006), 제6장.

[7] 빌헬름 딜타이(Wilhelm Dilthey, 1833~1911). 독일의 철학자.

[8] 자유민주당. 1984년 12월 창당. 자유주의 표방.

[9] 영국이 유럽연합을 탈퇴한 것을 말한다.

[10] 1947년에 창간한 독일의 주간 시사 잡지. 사회의 문제점을 파헤치는 비판적 기사를 주로 싣는다. 많은 특종 기사를 냈으며 독일은 물론 유럽 전역에 영향을 미치는 유력지이다.

3

거지와의
토론

지난번 하비 선생님의 강의에서 들었던 의사소통 문제는 요즘 나에게 가장 중요한 주제다. 어려운 이 주제를 현실에서 직접 확인할 수 있는 기회가 최근에 있었다.

학교 수업에서 필요한 제도 용품을 사기 위해 시내에 있는 칼슈타트 백화점에 방문한 날이었다. 그날 나는 낡은 옷을 입은 클라우스 형이 말끔한 옷차림의 시민과 길거리에서 비를 맞으며 진지하게 토론을 하는 장면을 목격했다. 길바닥에 앉은 채 상대방을 위로 쳐다보는 형의 눈과 잘 차려입은 중년 여성의 눈이 자연스럽게 마주치는 모습을 처음 보았을 때 적지 않은 충격을 받았다.

노숙자인 형의 말에 귀를 기울이는 진지한 중년 여성의 곁을 시내의 행인들은 아무렇지도 않은 듯 지나갔다. 나중에 하비 선생님께 이 일에 관해 이야기하기도 했다.

"그런 상황은 정말 처음 봤어요."

"놀란 모양이구나."

"한국에서는 보기 힘든 장면이거든요."

"허허, 한국 사회와 무슨 차이가 있니?"

"한국에서는 차림새의 차이가 큰 사람들이 대화하는 것 자체를 별로 못 봤어요."

"무슨 말인지 더 설명해 줄래?"

"쉽게 말해서요, 거지랑 일반 시민이 거리에서 대화를 나누는 장면은 말싸움 같은 실랑이가 아니면 상상하기 힘들어요. 거지와 대화하는 자신의 모습이 다른 사람의 눈에 띄는 게 싫은 것일 수도 있어요. 그런 모습 자체가 거리의 타인들에게는 이상하죠."

"겉으로 드러난 외모의 차이가 사회적 신분을 나타낼 수 있겠구나?"

"차림새가 남루한 사람과 대화를 하면 자신도 그 사람과 비슷한 신분으로 보일 수 있다는 두려움 같은 게 있는 것 같아요……."

"무슨 말인지 이해됐다. 네가 말하는 상황은 유럽에서도 마찬가지로 있었지."

"그런데 어떻게 지금처럼 되었어요?"

"쉽게 설명할 수는 없지만 유럽의 근대 사회가 이룩한 결과들 중 하나라고 볼 수 있다."

"오랜 과정을 거쳤다는 말씀이네요. 근대 사회라면, 선생님이 자주 말씀하시는 시민 사회의 출현을 가리키는 건가요?"

나의 말에 하비 선생님은 흡족한 표정을 짓는다.

"시민 사회의 출현은 정치적인 의견을 주장할 수 있는 시민들이 등장했다는 말과 같단다. 어렵게 표현하자면, 공중[11][12]의 출현이라는 말이지."

"공중이라뇨?"

"공중은 정치나 사회 문제에 대해 주체적이고 자율적으로 판단할 수 있는 시민들로 이루어진 가상의 집단을 의미한다."

"어려운 용어네요……. 그렇게 하려면 자신의 의견을 표현할 수 있는 수단도 필요하고……. 그러니까 시민들의 의식 수준이 높아야 하지 않나요?"

"정확한 지적이다. 그러자면 시민의 첫 번째 자격 요건은 글을 읽을 수 있는 능력이지. 이를 독서층의 등장이라고 한다."

"일단 글을 읽을 수 있어야 사회에서 벌어지는 일이나 정치적 상황을 알 수 있겠죠?"

"그렇지. 유럽에서 이 시기는 대체로 18세기 중반 이후란다."

"1789년 프랑스 혁명과도 관련이 있겠네요."

"18세기 프랑스의 진보적인 지식인들은 민중을 계몽하는 것이 곧 사회의 진보라고 봤단다."

"볼테르랑 루소 같은 사상가들 말이죠?"

"진서우가 역시 독서량이 많구나."

나는 제법 우쭐해졌다.

"감사합니다, 선생님! 헤헤."

"계몽주의 사상가들이 한 일들 가운데 대표적인 게 바로 백과사전 편찬이었지."

"백과사전이요?"

"그들은 세상의 많은 지식을 체계적으로 정리한 백과사전을 만들어 보급하면 민중의 무지를 깨칠 수 있다고 봤어."

"어떻게 세상의 지식을 다 모아요? 요즘 같으면 인터넷 검색으로 할 수 있겠지만요……."

"하하. 18세기는 지금과는 다른 시대였지. 인쇄술이 막 대중적으로 보급되던 시기였으니까. 백과사전을 만든다는 시도 자체도 대단히 진보적이었지."

"인쇄술의 발전에 따라 독서하는 대중이 출현한 상황이 시민사회가 발전하는 데 기반이 되었군요."

나의 말에 하비 선생님이 흐뭇한 표정으로 고개를 끄덕였다.

"자, 아까 진서우가 질문한 거지와 일반 시민이 대화하는 장면으로 돌아오자. 사람들이 서로 의견을 나누는 상황이란 참여하는 사람들이 각각 속해 있는 사회적 신분을 넘어서는 어떤 차원이 있음을 의미해."

"그 차원이 바로 '대화하는 상황'인가요?"

"정확히 이해하고 있구나. 대화에 참여하는 개인의 사회적 배경은 일단 뒤로 밀려나는 거야. 그것이 현재 진행되는 대화에 직접적이거나 결정적인 영향을 주지 않는 셈이지."[13]

"클라우스 형의 노숙자 신분과 일반 중산층 시민의 사회적 배경이 대화 상황에서 그다지 중요하게 여겨지지 않는다……."

나는 말을 흐리면서 확신이 들지 않는다는 신호를 보냈다.

"하지만 그런 사회적 배경이 대화 상황에서 완전히 사라질 수 있을지 의문이 드네요."

"그 이유는?"

"예를 들어 한국말에는 높임말과 신분을 표현하는 호칭이 아주 많아요. 그래서 선생님이 말씀하신 그런 평등한 대화 상황이 가능할 것 같지 않아요. 독일어를 처음 배울 때 2인칭에 해당하는 호칭으로 'Sie'와 'Du'를 한국식으로 이해해서 큰 낭패를 겪은 적이 있어요."

"아! 그런 예가 있구나."

"일전에도 말씀드렸잖아요? 독일에 와서 뒤늦게 알았지만, 'Sie'는 단지 친숙하지 않은 사이에서 사용하는 호칭이고, 'Du'는 친숙한 사이면 가능하잖아요. 그래서 저는 선생님께도 'Du'라고 하고요. 한국에서 배울 때는 완전히 한국식으로 'Sie'는 '당신'이라는 높임말로 해석하고, 'Du'는 보통 말로 '너'로 해석해야 한다고 배웠거든요."

"독일에서는 며느리가 시아버지한테도 'Du'라고 부르지. 그런

점에서 경칭[14]으로 사용되는 2인칭 대명사는 독일어에 없는 셈이구나."

"부모님이랑 볼링장에 간 적이 있었는데요. 옆 레인에서 볼링을 치는 아저씨들이 제 볼링 실력을 칭찬하면서 말을 걸어 와 대화를 나누는데 갑자기 저한테 화를 내시더라고요. 제가 아저씨들을 'Sie'로 불렀다고요. 그 아저씨들은 제가 친숙함을 보여 주지 않고 있거나 마음의 문을 열지 않고 있다는 식으로 불만을 가졌던 거죠. 이 사건으로 저는 독일어 호칭의 용법을 정확히 알게 됐답니다. 하하."

"진서우의 말은 한국어와 독일어의 차이 때문에 내가 가정하고 있는 평등한 대화 상황을 똑같이 가정할 수 없다는 말이구나. 음…… 일리가 있다."

나는 점점 신바람이 나서 다른 예도 들었다.

"우리나라 말에는 신분을 가리키는 호칭이 발달되어 있어요. 직업에서도 다양한 직급과 그에 따른 다양한 명칭이 있죠. 제가 독일어로 번역하기 어려울 정도로요."

우리말에 다양한 직책인 계장, 과장, 차장, 부장, 상무 등등을 어떻게 번역해야 할지 잠시 난처했지만 이내 좋은 예가 떠올랐다.

"아! 제가 즐겨 보는 축구에 트레이너가 있잖아요. 독일에서는 트레이너와 트레이너를 보조하는 사람이 있으면 트레이너 앞에 단순히 'Co-'를 붙여 구분하더라고요. 반면에 한국에는 직급에 따라 호칭이 완전히 달라지고 그 수도 많아요. 신분상의 위계를 보여 주는 호칭이 많다는 말이죠."

"무슨 말인지 알겠구나. 정확한 지적이고 좋은 사례다."

하비 선생님의 칭찬에 기분이 좋아진 나는 들뜬 마음으로 생각을 더 풀어놓았다.

"이렇게 보면, 선생님의 이론을 모든 상황에 적용할 수 없지 않을까요? 좀 건방진 생각입니다만…… 어떤 확고한 주장이 되기에는 약점이 있다고 봅니다."

"진서우 주장은 내 주장을 반대하는 의견들 가운데 대표적인 것이기도 해."

"그럼, 선생님…… 조금 심하게 말하자면 이론이 되기에는 아직 이르지 않은가요?"

"그건 아니란다. 조금 복잡하지만 설명하자면, 자연 과학에서 연구하는 경우 실험실 상황이라는 게 있지? 예를 들면 특정한 기압과 온도 같은 조건을 전제로 실험하고 그 결과에서도 이를 밝히잖니? 마찬가지로 우리 인간 행동이나 사회를 설명하는 학문에서도 그런 장치들이 필요하지."

"아! 인간 사회를 설명하는 일은 상당히 복잡하니까요?"

"그렇지. 내가 주장하는 이상적인 대화 상황도 과학자들의 실험실 상황과 비슷한 장치를 갖춰야 한단다. 일단 대화를 하는 당사자들은 상식적으로 생각할 수 있다는 일종의 공통 조건이 필요하겠지?"

"쉽게 말해서 말이 통하는 당사자들이 대화를 한다는 거죠?"

"그래, 그런 공통의 조건에 해당하는 것으로, 합리성이라는 게 있어. 합리성은 모든 인간이 가지고 있다고 간주되는 능력에 속하지. 고대 그리스 시대부터 아주 오래된 역사를 가지고 있는 이런 합리성이 사회를 발전시키는 데 본격적인 역할을 한 시기가 바로 근대 사회였지."

"맞아요! 시민 사회의 형성과 관련해서 말씀하신 적이 있어요."

나는 맞장구를 쳤다.

"기억하고 있구나. 근대 이전까지의 인간은 자연이나 세계를 이해할 때 마술이나 주술 같은 미신에 의존한 적이 많았어."

"저도 아직 미신을 믿는 경우가 있는데요? 헤헤."

"우리 현대인도 거기에서 완전히 벗어나지 않았지. 그럼에도 과학의 발명과 발견의 성과로 미신이 많이 사라졌다는 말이지. 사회학자인 막스 베버는 근대화의 특징을 탈마술화(脫魔術化)라고 부른 바 있단다."[15]

"탈마술화? 마술적 세계관에서 벗어났다는 말이죠? 이제 선생님은 합리성을 이상적인 대화의 기본적인 조건이라고 생각하신다는 건 알겠어요."

"합리성은 다른 사람의 생각과 행동을 어느 정도 예측할 수 있게 하고 대화를 이어 가게 해 주는 역할을 한단다. 쉽게 말해서 다른 사람이 이야기하는 내용이 귀를 기울일 만한 가치가 있는지와 관계가 있지.”

“다른 사람의 말에 집중하려면 일단 그 내용이 옳은 것이어야 하지 않나요?”

“그렇지! 바로 그 진리가 이상적인 대화의 첫 번째 준거가 된단다.”

“그럼 또 다른 준거가 있다는 건가요?”

“다른 준거는 바로 진정성이란다.”

“진정성은 말하는 사람이 진심으로 말한다는 뜻인가요?”

“맞아. 꾸며 내는 말이나 자신의 의도를 숨기고 말하면 누가 상대방의 말을 들으려 하겠니? 들을 만한 가치가 없다는 말이지.”

“아하!이론에서 말하는 대화란 합리성을 갖춘 사람들이 진리에 관해 진정성 있게 나누는 거군요! 그건 일상에서는 그런 대화를 거의 찾아볼 수 없다는 말이네요?”

나의 말이 제법 공격적으로 들릴 수도 있었다. 하지만 선생님은 친절히 대답을 이어 갔다.

“그렇다고 할 수도 있지. 모든 이론이 현실과 떨어져 있듯이, 내 주장도 우리의 일상적인 대화 상황과는 거리가 있단다. 앞서 말했듯이, 모든 이론에는 어떤 조건이라는 장치들이 있다는 말이지.”

하비 선생님의 말을 들은 나는 번뜻 떠오른 궁금증에 질문을 던졌다.

"선생님, 학자들은 왜 그런 현실적이지 않은 이론을 만들죠?"

"하하. 진서우가 아주 실망이 큰가 보구나."

"탁상공론 같아요."

"이론을 만드는 학자들에게 그런 약점이 있는 건 사실이지. 하지만 그런 이론이 우리 현실에서 벌어지는 온갖 잘못을 방지하는 역할을 한다고 할 수 있어. 이 점에 유의해야 한다."

"잘못을 방지해 주는 역할이라고요?"

나의 반문에 선생님의 왼쪽 입꼬리가 올라간다.

"언젠가 내가 반사실성(反事實性) 명제[16]라는 어려운 말을 사용한 적이 있는데, 혹시 기억나니?"

"음……. 기억이 나지 않는데요."

"다시 설명해 주마. 반사실성 명제란 사실과는 다른 명제이지만 일상적인 대화 상황에서 규범의 역할을 하는 것으로 이해하면 돼. 내가 말하는 이상적인 대화 상황도 반사실성에 해당하지."

나는 선생님의 계속되는 설명을 따라가지 않고 잠시 이 개념을 이해하는 데 집중했다.

"혹시 우리가 완벽하게 지킬 수는 없지만 일단 그런 상을 설정해 놓으면 모두들 나름대로 그 상을 의식하면서 달성하려고 노력할 수도 있다는 걸 말하나요?"

"그럴 수도 있겠다. 인간은 존엄한 존재이기도 하지만 동물적인 본성과 욕구도 갖고 있잖니? 그런 걸 모두 극복한 이상적인 차원을 가정한다고 할 수 있지. 그런 점에서 진서우가 말한 것도 관련이 있다고 본다."

나는 선생님의 말씀에 크게 고무됐다.

"언어를 예를 들어 설명하자면, 반사실성 용어는 일종의 가정법을 통해서 전제를 두는 걸 말한다."

"아, 가정법 형식이라면 실제와 반대이지만 소망이나 소원을 표현하잖아요? 실험실의 조건처럼 사회와 인간을 설명하려는 방식 같아요."

"옳거니! 그것도 맞는 말이다."

"선생님이 말씀하시는 이상적인 대화 상황에서 보자면 한국어가 독일어에 비해 그런 이상에서 좀 더 떨어져 있다고 할 수 있겠네요."

"아까 네가 말한 한국말의 특성? 음…… 대답하기 곤란하구나. 내가 언어학자가 아니고 그 부분에 대해 비교 연구도 해 보지 않았으니까. 앞으로 이 문제를 더욱 고민해 보아야겠구나."

"한국에서의 신분 호칭은 선생님이 말씀하신 이상적인 대화 상황 이론을 혼란스럽게 하는 무언가가 있는 것 같아요."

“진서우가 나중에 연구해 보렴.”

“한번 도전해 볼까요? 선생님의 이론을 뒤엎는 획기적인 발견을 요? 헤헤.”

“하하, 그렇게 해 보거라.”

어려운 대화였지만 하비 선생님의 의사소통이론을 어렴풋이나마 이해할 수 있는 시간이었다.

[11] 공중(公衆)이란 사회 대부분의 사람들을 가리키는 말로, 독일어로 'Öffentlichkeit'이고 영어로는 'the public'에 해당한다.

[12] 출처: Jürgen Habermas, *Strukturwandel der Öffentlichkeit: Untersuchungen zu einer Kategorie der bürgerlichen Gesellschaft*(Luchterhand, 1965).

[13] 출처: 위르겐 하버마스, 《의사소통행위이론 2》(나남, 2006), 제5장.

[14] 공경하는 뜻으로 부르는 칭호를 말한다.

[15] 출처: 위르겐 하버마스, 《의사소통행위이론 1》(나남, 2006), 제2장.

[16] 반사실성 명제는 각종 조건문을 전제하는 명제를 가리킨다. 이는 실험 조건을 부여하듯이 현실 세계와의 차이점을 드러내는 명제를 가리킨다. 이상적인 명제이기 때문에 사실성과 차이가 있지만 현실 논리에서 일종의 규범적인 역할을 하는 기능을 가진다.

4

음악가의
고뇌

아카데미 2층 회의실에는 피아노가 있다. 제법 오래된 피아노인데 소리는 좋다. 나는 유치원에 들어가기 전부터 피아노를 배운 터라 피아노 실력이 수준급이다. 바이올린도 함께 배웠는데 유독 피아노 연주에 애착이 간다.

나는 절대 음감을 갖고 있다. 절대 음감에도 다양한 정도가 있는데 나는 높은 수준의 절대 음감에 속했다. 그래서인지 어릴 때부터 소리에 예민했다.

나의 예민함은 거의 병적이다. 목소리가 큰 사람을 유난히 무서워했고, 밤에 천둥이라도 치면 엄마를 끌고 화장실에 숨어들었다. 나는 양손으로 귀를 막고 엄마에게도 당신의 귀를 막도록 했다. 나에게 큰 소리는 공포 그 자체였다. 당시만 해도 나는 모든 사람이 나처럼 귀가 예민한 줄 알았다.

일곱 살 때쯤에 나는 자주 친구를 집에 데리고 와 피아노를 치면서 놀았다. 간단한 곡 정도는 칠 줄 아는 경민이와 함께 건반을 누르고 음을 맞히는 놀이를 했다. 건반 세 개를 동시에 누르면서 화성을 구분하는 건 나에게 간단한 일이었다. 하지만 경민이는 구분하지 못했고, 나는 큰 충격을 받았다.

나중에 이 일에 대해 엄마에게 물었다.

"엄마, 왜 경민이는 이걸 못 맞혀?"

"누구나 맞힐 수 있는 건 아니야. 엄마도 마찬가지고. 하하."

이런 능력을 가졌다고 해서 나 자신을 특별한 사람으로 생각하지는 않았다. 대수롭지 않은 일이라고 여기며 친구들에게 티를 내지도 않았다. 그때 이후로는 친구들이랑 피아노 음 맞히기 놀이도 하지 않았다. 더 자란 다음에는 사람들 앞에서 연주하는 일이 부담스러워졌다. 어른들이 용돈을 주겠다고 유혹해도 피아노 연주를 꺼렸다.

부모님은 음악 전공을 반대하지 않는다. 나의 재능도 이미 확인됐고, 부모님은 내가 독일의 유명하고 좋은 음악 대학을 접할 수 있다는 걸 아주 좋은 기회로 여겨야 한다고 이야기한 적도 있다.

독일은 예술 분야의 재능을 가진 아이들에게 적극적으로 지원한다. 모든 예술 대학의 학비가 무료이고, 탁월한 재능을 보이는 사람들에게는 국가가 나서서 다양한 지원을 아끼지 않는다. 천재 음악가한 명이 창출하는 부가 가치가 나라의 부를 창출하는 데 큰 기여를한다는 사실을 잘 알고 있어서다. 참 얄미울 정도로 은밀하게 천재를 발굴해 키우는 나라이다.

아빠한테 들은 이야기가 있다. 뮌스터에 신학을 공부하러 온 유학생 부부가 있었다. 신학 공부가 워낙 오래 걸리는 탓에은 비자 만료 기간에 가까워질 때까지도 공부를 끝마치지 못했다. 안타깝게도 그들은 결국 귀국 날짜를 잡게 됐는데, 독일 정부가 특별히 이 가족에게 비자를 연장해 주었다. 그들의 딸이 바로 바이올린 천재였던 것이다. 덕분에 그들은 무사히 공부를 마치고 독일에 자리를 잡았다.

한국에서 예술 교육은 전적으로 개인이 부담한다. 의외로 독일의 사립 학교에서는 예체능 교육이 활발하지 않다. 학교 밖에 설치된 공공 교육 시설인 아우디토리움(Auditorium) 같은 기관에서 특별한 재능을 가진 학생들을 교육한다.

엄마는 때때로 음악 이야기를 꺼내곤 했다.

"진서야, 네가 음악을 전공해도 멋질 것 같아."

"저는 음악보다는 다른 것에 관심이 많아요."

"진서는 너무 많은 대상에 관심을 가지는 것 같아."

"저는 이 사회가 돌아가는 모습이 너무 신기해요."

"뭐가 그렇게 신기한데?"

엄마에게는 내 말이 더 신기한가 보다.

"제가 음악에 재능이 있다는 걸 알고는 있지만 그래도 음악가보다는 사회를 연구하는 사람이 되고 싶어요."

"그렇구나, 어떤 공부를 하고 싶니?"

"아직 잘 모르겠어요. 학교에서 배우는 역사, 정치, 경제, 교육, 문화…… 모두 재미있어요. 일찍부터 음악을 하게 되면 이런 분야를 알 기회가 없어질까 봐 두려워요."

"진서야, 한국식으로 말하면 너도 벌써 중학교 3학년이야. 고등학교에 들어가면 이미 진로가 결정된단다."

"알았어요. 1절만요, 엄마. 플리즈!"

나의 음악 재능은 외가에서 물려받았다. 아빠도 음악을 듣는 걸 좋아한다. 클래식도 좋아하지만 다소 실험적인 록 계열의 음악을 선호한다. 나와 취향이 다르다.

외가 쪽에는 오르간을 전공해 미국에 살고 있는 이모가 있다. 엄마의 외사촌들 중 한 사람은 한때 프로그레시브 록(progressive rock)[17] 음악을 하는 뮤지션이었다. 회사를 운영하는 엄마의 외삼촌이 음반 하나만 만드는 데까지 허락하고 경영 수업을 받으라고 강요해 결국에는 음악을 그만두고 지금은 회사를 운영하고 있다. 그때 활동했던 록 밴드 이름이 '장미 장사꾼(rose dealers)'이다.

아카데미 강의가 없는 오후 시간대에는 누구나 마음대로 피아노를 칠 수 있다. 나도 종종 틈이 날 때면 피아노를 친다. 가끔은 아카데미에서 주최하는 특별한 행사에서 연주하고 연주비도 받았다.

행사는 대체로 저녁이나 밤에 열리기 때문에 녹턴[18]을 자주 연주한다. 나는 쇼팽의 작품을 좋아하는데, 총 스물한 곡으로 이루어진 쇼팽의 녹턴 가운데 주로 대여섯 곡을 연주한다.

매번 라이브로 연주하지만 어쨌든 행사의 배경 음악에 불과하다. 그래서 연주할 때마다 내가 마치 움직이는 CD 플레이어처럼 느껴지곤 한다. 언젠가 이런 고민을 놓고 음악을 좋아하는 게리 형과 이야기를 나눈 적이 있다.

"게리 형, 연회장에서 배경 음악을 연주하는 내가 처량해 보이지 않아요?"

장난스럽게 질문을 던졌는데 형은 내가 무슨 말을 하는지 알고 있다는 표정을 짓는다. 그러고는 이내 의외로 진지하게 반응한다.

"내가 느끼는 바가 진서의 고민과 관련이 있는지 모르겠네."

게리 형이 가지런히 빗어 넘긴 붉은빛의 머리카락을 쓰다듬는다.

"그게 뭔데요? 형도 연주할 수 있는 악기가 있어요?"

게리 형이 내 마음을 읽은 것 같아서 호기심을 가지고 물었다.

"나도 피아노 정도야. 하지만 너처럼 많은 사람 앞에서 연주한 적은 없어. 그 정도 실력은 아니야."

"그럼 어떻게 내 기분을 알까요? 하하."

"사실 내가 읽은 어떤 책에서 음악가의 생애와 관련해 그런 고민이 다뤄졌거든. 혹시나 그것과 연관이 있나 해서……."

독서량이 대단한 게리 형에게서 재미있는 이야기가 나올 것 같아 호기심이 생겼다.

"내가 전문 연주자는 아니지만 궁금하네요. 얘기해 봐요."

게리 형은 벌써 말할 준비가 되어 있는 듯하다. 그가 말을 시작할 때 으레 나오는 버릇을 보이기 시작했기 때문이다.

"사회학자 엘리아스[19] 알아?"

"모르겠는데요?"

"엘리아스가 쓴 잘 알려지지 않은 책 중에서 모차르트 평전이 있어. 모차르트를 비롯해 18세기의 많은 궁정 음악가들이 고민하고 갈등하는 모습을 잘 비평하고 있지."

"아! 그게 바로 나의 처량함과 관련이 있다?"

"일단은 이야기를 들어 봐."

게리 형이 하려는 자세한 이야기가 궁금했다. 나는 대화에 집중하면서 게리 형의 두 눈과 손을 번갈아 보았다.

"모차르트가 살았던 18세기에 음악가들 대부분은 귀족의 집이나 궁정에서 열리는 연회에 불려 가 연주하면서 생계를 이어 갔어. 당시는 지금처럼 음악을 녹음해 재생할 수 있는 기계가 없어서 현장에서 직접 연주하는 음악가가 필요했지."

나는 이야기 한 토막을 듣고 질문했다.

"음악가는 연주 활동 말고도 연주에 필요한 곡도 만들어야 하잖아요. 그게 멋진 걸작이면 더욱 좋고요. 아무리 당시에 음악가가 배경 음악 역할을 했다지만 예술가로서 창작을 하는 역할도 무시할 수 없지 않나요?"

게리 형은 마치 예상 질문에 대한 답을 준비하고 있었던 사람처럼 질문이 끝나기 무섭게 대답한다.

"모든 음악가가 창작을 하려고 하거나 재능을 가진 건 아니야. 창작과 연주는 다소 다른 영역이니까. 아무튼 천재 음악가인 모차르트는 예술가로서 창작열에 불타고 있었겠지. 하지만 파티의 흥을 돋우는 연주가로서의 생계 활동과 예술가로서 창작은 다르잖아?"

"그렇죠."

"바로 여기서 음악가로서 모차르트의 고뇌가 있었지. 생계를 위해 돈벌이를 위한 활동이 필요했지만 그런 삶에서 느끼는 자괴감이 있었을 거야. 그러면서도 음악가로서 불멸의 걸작을 남겨야겠다는 일종의 사명감도 있었을 테고."

"형, 누구나 생계는 이어야 하고, 그건 음악가도 마찬가지잖아요. 음악가들 역시 돈을 버는 데 관심을 많이 가졌다는 이야기를 들은 적이 있어요."

언젠가 아빠의 책장에서 본 《돈을 사랑한 예술가》라는 책이 떠올랐다. 나는 얼마간 냉소적인 표정으로 말했다.

"틀린 말은 아니야. 모차르트도 자기가 만든 오페라 곡이 처음 공연되던 날에 참석하지 않았다고 해."

"왜요?"

"관객이 얼마나 왔는지 궁금해서 극장 주변 카페에 앉아 팔린 입장표가 어느 정도인지 어림잡고, 공연의 반응은 괜찮았는지 안절부절하면서 궁금해했대."

"하하, 조바심 때문에 극장 현장에는 못 갔다는 소리네요. 소심하기는……."

"천하의 모차르트도 오페라의 흥행이 최대 관심사였다는 말이지."

게리 형의 말에 나는 다른 궁금증이 생겼다.

"18세기에는 클래식도 요즘의 대중음악처럼 흥행이 중요했네요?"

"지금은 클래식을 대중음악과 차별성이 있는 순수 음악으로 구분하지만 당시에 오페라는 대중음악이었다고 봐야지."

"하긴 오페라 내용을 보면 죄다 사랑 타령이니. 하하."

나는 맞장구를 치며 말을 이었다.

"그럼 순수 음악이 고급 예술이라는 정의도 인위적으로 만들어졌다고 해야 하나요?"

"음…… 간단한 문제는 아니지만, 시대가 만든 일종의 구별 짓기가 아닐까."

"시대가 만든 구별 짓기?"

내가 눈을 더 크게 뜨면서 질문했다.

"문화나 예술을 향유하는 특정 계층이 다른 계층의 향유를 차단하기 위해 만드는 인위적인 벽 같은 것 말이야."

"동의해요. 극장이나 연주회를 찾는 사람들은 유난히 옷차림에 신경을 쓰는 편이죠."

"요즘에는 조금 달라졌지. 이제는 클래식 연주회에 가는 사람들이 제법 다양해졌고 그다지 차림새에 신경을 쓰는 것 같지 않아."

"작년에 베를린 필하모닉 창립 기념일에 맞춰 매년 5월 1일에 발트뷔네 야외 극장에서 여는 연주회에 간 적이 있어요. 그때 얼마나 많은 사람이 왔는지 알아요? 자그마치 2만 명!"

"거기에 갔었구나? 나도 몇 년 전에 갔었지."

"관객도 많았지만 티켓 가격이 아주 저렴했어요. 더욱 놀라운 건 연주회장 분위기였어요. 엄청 시끄럽고 박수에 휘파람 소리까지, 대중음악 공연장과 별 차이가 없었다니까요."

"야외이기 때문에 유난히 시끌벅적한 것도 있지."

"아무튼 그 분위기는 충격이었어요."

"그래도 연주회 수준은 나쁘지 않았지?"

"당연하죠. 지휘자가 사이먼 래틀 경(Sir. Simon Rattle)[20]이었으니까요."

"래틀 선생이 여전히 그곳 지휘자일 거다. 아무튼 넌 공연 티켓 가격이 싸서 대중음악과 비슷해졌다고 보는 거냐? 하하."

"그런 것도 사실이죠. 클래식이 대중적이지 않은 한국에서는 티켓 값이 얼마나 비싼데요. 베를린 필하모닉이 한국에 방문해서 연주했을 때도 엄청나게 비쌌어요."

"어느 정도 가격인데?"

"중간 등급의 좌석이어도 200유로는 넘어요. 발트뷔네에서는 일인당 20유로 정도였죠."

"그렇게 차이가 많이 나?"

"그때 한국인을 봉으로 생각하는 횡포라고 우리나라 음악 애호가들이 비판할 정도였으니까요."

"초청 비용에 각종 보험료 등이 계산돼서 비싸질 수도 있어. 어쨌든 클래식이 아무리 대중화됐다고는 하지만 여전히 차별화된 문화 행사라는 위상을 잃지 않으려는 측면도 있고."

"클래식 연주회가 대중화되기는 했지만 티켓 가격은 여전히 비싸잖아요. 이건 클래식 공연이 상업적인 이벤트가 되었기 때문이 아닐까요? 대중화라면 가격이 저렴해져야 하잖아요."

"진서 생각에 동의해. 하지만 저렴한 가격부터 비싼 가격까지 클래식 공연이라는 상품이 다양해졌다고 하는 편이 더 정확하지 않을까? 상업화하면서 더 많은 대중에게 팔기 위해 낮은 가격의 상품을 개발하지. 그러면서도 동시에 아주 비싼 가격을 가진 상품을 내놓잖아. 결국 시장은 상업적인 이익을 위해 극단적으로 시장 가격을 왜곡해 사치스러운 상품을 얼마든지 만들어 내는 곳이란 말이지……."

"모차르트가 자신이 만든 오페라 공연에 관객이 얼마나 들었는지 궁금해했다는 게 이해가 되는데요!"

"하하, 맞아."

게리 형이 크게 웃었다.

"그렇다면 결론은, 순수 예술은 순수하지 않다?"

"아니요. 반드시 그렇다고 결론을 내릴 수는 없죠."

"왜?"

"음…… 왜냐하면 음악에는 고유의, 다시 말해 자신만의 세계가 있어요. 음악을 만들고 연주하고 듣는 사람의 영혼을 움직이는 독특한 무엇이요."

"아마도 그게 우리가 예술의 본질적 가치라고 부르는 것 아닐까?"

"정답이네요."

"그건 그렇고……."

게리 형이 다음 이야기를 이어 가려 한다. 나 역시 들을 준비가 되어 있다.

"아까 모차르트가 세속적인 수입에도 관심을 가졌다고 그랬잖

아. 결국 이 주제는 인간으로서 음악가의 삶이 가지는 이중적인 측면을 말하는 것 같아."

"음악가의 현실과 음악적 이상이라는 이중성인가요?"

"그렇다고 할 수 있지."

"당시에는 지금처럼 음악가라는 전문화된 직업이 존재하지 않아서 대다수 음악가들이 모차르트의 삶과 다를 바 없었을 거예요. 그러면 형이 말한 이중성은 음악을 하는 사람들에게만 해당되는 게 아니잖아요?"

"맞아. 당시에는 생계를 걱정할 필요가 없을 정도로 돈을 벌 수 있는 직업이 많지 않았어. 예를 들어 대학에서 철학 박사 학위를 받은 사람들도 대부분 대학교수가 되기 전에는 귀족 계층의 자제를 가르치는 가정 교사로 일하면서 생활했지."

"당시의 가정 교사는 지금과 달리 귀족 자제의 미래를 전적으로 책임지는 담당 교사 역할 이상이었다고 들었어요."

게리 형이 미소를 지으면서 거든다.

"이쪽 유럽의 역사를 제법 알고 있구나. 하하."

"언젠가 책에서 읽은 적이 있어요."

"당시 지식인들이 가진 거라곤 지식밖에 없었어. 이와 달리 귀족 계층은 물려받은 재산과 권력을 갖고 있었지. 지식인 계층은 자신들의 생계를 유지하기 위해서, 또 미래를 위해서 귀족 계층의 후원에 의존할 수밖에 없었어. 하지만 그들은 귀족의 모순적인 삶을 비롯해 사회의 온갖 부조리에 대해 상당히 비판적이었어."

게리 형의 갈색 눈동자가 더욱 빛난다.

"어쩌다가 우리의 주제가 이렇게 확대되고 있지? 하하."

"그렇긴 하네요. 연주하는 나의 모습에서 생긴 고뇌가 18세기 모차르트의 삶을 통해 설명됐다가 이제 18세기에 등장한 지식인 계층이 당시 사회에 대해 가졌던 비판적인 인식…… 이런 식으로 진행되고 있군요. 하하."

"진서부터 말해 봐. 지금 막 진행되고 있는 토론의 흐름을 이어가면서 말이야."

이제 토론의 공이 나에게로 온 셈이다. 비록 서로 반대되는 의견에 대한 안티테제(Antithese)[21]를 제시하는 단계는 아니지만, 주제를 확장하는 단계에서 내가 알고 있는 지식을 풀어놓을 차례다.

"모차르트가 품고 있었던 이상과 현실 사이의 불일치는 당시 지식인 계층에서는 일반적이었다고 봐요. 단순히 사회에 대한 불만을 토로하는 것을 넘어서 바람직한 사회의 모습을 꿈꾸었다고 할 수 있죠."

"지금 진서가 독일의 교양 시민 계층[22]을 말하고 있는 것 같네. 제법인데?"

"고마워요, 형!"

내가 어느 정도 겸손을 보이자 게리 형이 다시 주제로 돌아온다.

"언젠가 하비 선생님이 공중이 등장하는 시기가 시민 사회의 발전 시기와 일치한다고 말씀하셨잖아. 내가 보기에 이 과정에서 교양 시민 계층이 독특한 독일 문화를 형성했어. 엘리아스가 주장했듯이, 독일은 프랑스와 달리 귀족 계층을 모방하거나 추종하지 않고 그들을 비판하면서 자신들의 독자적인 문화를 형성한 것 같아."

"프랑스와 다르다고요?"

"엘리아스의 주장에 따르면, 프랑스는 궁정 문화가 귀족 계급을 거쳐 시민 계급으로 그리고 가능하다면 하층까지 파급된 사회야."

"파급이라고요? 국가가 정책을 통해 문화를 보급한다?"

"그런 의미가 아니라 사회 계층에서 각 계층이 바로 위 계층의 문화에 관심을 가지고 모방한다는 의미가 더 정확하겠네."

"그럼 프랑스와 달리 독일 시민 계층에는 독보적인 측면이 있다는 말이에요?"

"독일 교양 시민 계층이 보기에 귀족은 한마디로 아는 게 전혀 없고 부조리한 특권을 가지고 있는 계층이자 온갖 허례허식과 위선에 물든 계층이었어."

"독일 교양 시민 계층은 비판적이었다, 그 말이에요?"

"맞아."

"그런데 말이에요, 형!"

"말해 봐."

형은 내가 말꼬리를 잡는 게 싫지만은 않아 보였다.

"예전에 부모님이랑 베를린 상수시(Sanssouci)[23] 궁전에 갔었거든요. 상수시 궁전은 프로이센 왕이 프랑스 베르사유 궁전을 모방해 만든 건물이잖아요. 그렇다면 독일 왕실에서도 프랑스 문화가 지배적이었다고 볼 수 있겠네요."

"당시는 모든 유럽 왕가가 프랑스 문화를 표준으로 삼았던 시대였잖아. 심지어 프로이센의 프리드리히 대제의 스승이 프랑스 지식인 볼테르였지. 독일 왕이 독일어는 서툴고 프랑스어에 능통했다는 소문이 돌 정도였으니 말 다했지. 하하."

"독일도 포함해서 유럽 왕실은 모두 프랑스 문화권이었다? 그런데 독일의 교양 시민 계층은 다른 문화를 제시했고요……."

"그렇다고 할 수 있어."

게리 형의 말하는 속도가 더욱 빨라지고 있다. 이 대화를 유쾌하게 여긴다는 것을 의미한다.

"독일의 교양 시민 계층은 교육을 통해 이룬 전문 지식이 필요한 분야에서 역할을 수행했어. 예를 들면 공무원, 법률가, 목사, 교수, 교사 같은 직업이지. 물론 모차르트 같은 음악가도 교양 시민 계층과 공통적인 태도와 생각을 갖고 있었다고 봐."

"그렇겠네요."

"그들은 귀족 계층에 비해 교육을 잘 받은 계층이기 때문에 지식에 있어서는 우월감을 갖고 있었던 것 같아. 동시에 노동, 독서, 가족 사랑, 절약, 준법, 애국심, 정직, 검소 같은 미덕을 중시했어. 나는 이들이 실천했던 미덕들이 독일 민족의 미덕으로 승화됐다는 점이 상당히 흥미로워."

"계층의 미덕이 민족의 미덕이 된 셈이네요. 한국에서 독일과 독일 사람을 생각하면 자연히 연상되는 게 이런 미덕이에요. 그런데 그 좋은 전통이 왜 히틀러를 등장시키고 나치가 지배하는 독일을 낳았을까요?"

나의 말에 게리 형은 당황한 표정을 짓더니 이내 침착하게 설명한다.

"그에 대해서는 19세기에 독일의 공무원 집단을 이루고 있던 교양 시민 계층이 두 차례의 세계 대전을 일으킨 정치 세력을 눈감아 주고 국가에 봉사하고 말았기 때문이라는 해석이 있기는 하지."

게리 형은 다소 불완전해 보이는 설명으로 대답했다.

"그 해석에는 논리적 비약이 있지 않나요? 긴 역사적 과정을 설명하기에는 좀 단순한 해석인 것 같네요."

나의 말에 게리 형도 어느 정도 동의한다는 눈짓을 보낸다. 그러면서도 내심 토론의 주제를 이야기의 출발 지점으로 되돌리고 싶어 한다.

"오케이! 나도 공감! 하하. 결국 18세기 시민 계급의 성향에서 보이는 이중적인 고뇌가 음악가로서의 진서의 처량함을 설명할 수 있다는 말이잖아?"

처음의 주제로 돌아가고 싶어 하는 게리 형의 말에 나는 응답해 주고 싶었다. 나름대로 우리의 대화를 마무리하는 적합한 말이다.

"내 말이 그 말이라니까요. 하하."

게리 형과 나눈 대화를 떠올리자 복잡했던 마음이 조금은 정리가 되는 듯하다. 내 손은 다시 피아노 건반 위를 올라탄다. 오늘은 기분 좋을 때 연주하는 쇼팽의 왈츠 5번으로.

[17] 클래식이나 표제 음악 등을 활용하는 실험적인 록 음악 장르. 1970~1980년대에 유럽에서 크게 유행했다.

[18] 녹턴은 야상곡(夜想曲)이라고도 한다. 주로 밤의 분위기에서 영감을 받거나 혹은 밤의 서정을 표현한 피아노곡이다.

[19] 독일의 사회학자 노베르트 엘리아스(Norbert Elias)를 말한다.

[20] 영국 리버풀 출신으로 세계적인 지휘자 가운데 한 사람. 베를린 필하모닉 재단의 지휘자이다.

[21] 반정립(反定立)으로 번역할 수 있다. 정립 혹은 테제(These)는 아직 반박이나 이의가 제기되지 않은 주제를 특정인이 먼저 제시하는 주장이나 의견을 가리킨다면, 반정립은 상대방이 제기한 테제에 대한 비판적인 주장을 의미한다.

[22] 영어로 'middle educated class', 독일어로 'Bildungsbürgertum'을 말한다. 18세기 중반에 등장하는 교육받은 사람들.

[23] 베를린에 있는 궁전으로, 프랑스어로 '근심이 없다'라는 뜻이다. 1747년 프로이센의 프리드리히 2세가 프랑스 베르사유 궁전을 본떠 만든 여름 궁전으로, 실내는 로코코 양식으로 장식되어 있다.

5

—

언어와
사물

유럽의 12월은 크리스마스 시즌의 설렘이 없었다면 아마도 최악의 달에 속할지도 모른다. 서안 해양성 기후의 특징인 축축한 겨울철 날씨는 혈압이 낮은 사람에겐 몹시 불편하다. 그나마 독일의 여름철은 습도가 낮아 잠을 설치지 않아서 좋다.

오늘 아침에도 일어나기가 힘들었다. 무거운 몸을 일으켜 대충 씻고 아카데미 반지하에 있는 식당에서 아침을 먹었다. 건강을 챙겨야 한다는 엄마의 말을 따라 보통 아침에는 요구르트 같기도 치즈 같기도 한 크바르크를 먹는다. 크바르크는 신맛에 달콤한 맛이라고는 없어서 잼을 섞어야 그나마 먹을 만하다.

오늘은 격주 금요일마다 열리는 아카데미의 의사소통 강좌에 참석한다. 부모님께 이야기했듯이, 시민정치아카데미에서 평소에 주로 다루는 정치 문제, 즉 사람들 사이에 생기는 갈등을 해결할 수 있는 방법을 배우기 위해 이 강좌에 열심히 참석해 오고 있다. 나중에 내가 정치가가 되든 정치학이나 사회학을 전공하는 학자가 되든 간에 이 시간이 도움이 될 거라는 점은 분명하다. 그 핵심에는 토론이 있다. 얼마 뒤에 열릴 토론 대회를 직접 보려는 것이 내가 독일에 홀로 남은 가장 큰 이유이기도 하다.

크리스마스 휴가가 둘째 주부터라서 오늘 강좌는 올해 프로그램에서 마지막인 셈이다. 특히 내년 1월 말에 있을 토론 대회 준비 모임도 있기 때문에 중요한 날이다.

아카데미에는 이미 대여섯 명의 참석자가 와 있다. 클라우스 형은 평소와 같이 눈에 띄지 않는다. 강의실 입구 근처로 눈을 돌리자 뒤통수만 보이는 남자하고 이야기를 나누고 있는 게리 형이 보인다.

"안녕! 게리 형?"

"어이, 진서 왔어!"

웃으며 반갑게 인사를 돌려주는 형의 표정이 밝다. 나의 인사에 고개를 돌린 또 다른 남자는 헬무트 형이다.

"헬무트 형! 오랜만이네요. 가끔 들르는 손님처럼……. 하하."

"진서, 오랜만……. 나 같은 유라이들은 단일 전공에 몰두해야 하는 시간이 많아서 자주 올 수 없었어."

유라이는 법학을 뜻하는 유라(Jura) 전공자를 가리키는 은어다. 법학을 전공하지 않는 학생들이 법학 전공자에게 안 좋은 선입견을 가지고 붙인 이름이란다. 처음에 이 단어를 들었을 때 한국말 '또라이'가 연상됐다. 언어 연상은 이처럼 신통한 데가 있다.

"전공에 엄청 몰두하고 있구나? 법학도들은 원래 그래?"

헬무트 형과 전공이 같은 게리 형이 장난스러운 표정을 지으며 짓궂게 말했다.

"뭐, 그렇지…… 어쨌든 오늘은 하비 선생님에게 대회에 관해서 조언을 들어 볼까 해서……."

헬무트 형이 오늘 참석한 이유를 알 것 같기도 하다. 하비 선생님이 토론 대회의 주제를 선정하니까 조언을 가장한 정보를 캐려는 심산이 아닐까 싶다. 확실히 헬무트 형은 욕심도 많고 야망도 크다. 나는 이런 속마음을 들킬까 봐 중립적인 화제를 던져 본다.

"그럼 올해 마지막인 오늘 강좌에도 참석하겠네요?"

"응. 오늘 주제가 의사소통에서 언어의 역할에 관한 거라서 기대하고 있어."

"하기는, 법학이랑 언어가 어울리죠?"

"당연하지. 문자로 기록되어 있는 법을 해석해 다른 사람을 설득하거나 자신의 생각을 표현하는 우리한테는 문자와 말이 가장 핵심적인 도구거든."

9시 15분이 되자 강의실에는 참석자 전원이라고 할 수 있는 스무 명 정도가 앉아 있다. 독일에서 강의나 각종 회의가 열리는 시간이 특이하게 운영된다. 예를 들어 시작 시간을 9시라고 적은 다음 옆에 괄호나 작은 글씨로 c.t.[24]라고 표시하면 실질적인 시작 시간이 9시 15분임을 뜻한다.

곧 하비 선생님이 들어오셨다. 오랫동안 프랑크푸르트대학교에서 교수로 계셨던 하비 선생님이 퇴임 후에 이렇게 시민 정치 강좌를 개최한 지 벌써 15년이 지났다고 들었다. 선생님은 대학 시절 괴팅겐에서 공부한 적도 있고 친인척들이 살고 있기도 해서 이곳에 아카데미를 열었다고 한다.

나는 아카데미에 등록하기 전에 괴팅겐 시내에서 우연히 하비 선생님을 본 적이 있다. 시내에 가는 길에 극장 앞에서 마주친 선생님을 아빠가 소개해 주셨다. 눈이 아주 많이 내리던 날로 기억한다.

"자, 다들 잘 지냈고?"

하비 선생님이 온화한 목소리로 인사를 건네며 강의실로 들어왔다.

"예! 안녕하세요, 선생님?"

"예, 선생님."

박자도 안 맞는 아주 자유분방한 방식으로 인사가 오간다.

"오늘은 올해의 마지막 강좌라고 할 수 있겠네."

하비 선생님이 모두를 둘러보며 말했다.

"이미 알렸듯이, 오늘 주제는 언어와 의사소통의 문제다. 읽을 자료는 오스틴의 언어 이론이다.[25] 다들 미리 읽어 왔겠지?"

"예……."

자료를 미리 읽어 온 몇몇 사람이 대답했다.

"읽고 온 사람들 수를 대강 파악할 수 있겠군."

하비 선생님의 말에 수강생들이 키득거렸다. 계속해서 하비 선생님의 말씀이 이어진다.

"철학에서 언어 문제를 중요하게 다루게 된 배경에 대해 먼저 이야기해 보자. 누가 이야기를 시작해 볼까?"

"선생님 질문이 혹시 '언어학으로의 전환(linguistic turn)'[26]에 관한 건가요?"

정치학을 전공하는 가비 누나의 말이다. 가비 누나는 참 성실한 학생이다. 논리적이고 씩씩한 성격을 갖고 있다. 하지만 토론 대회에는 관심이 없다. 정치학을 계속 공부하겠다고 한다. 정치가보다는 학자로의 진로를 꿈꾸고 있다.

"일단 가비가 언어학으로의 전환에 대해 말해 볼래?"

"철학에서 언어 문제를 본격적으로 다룬 시기는 언어 철학이 유행하던 19세기 말과 20세기 초까지 거슬러 올라간다고 봅니다. 당시 영국과 미국을 중심으로 한 철학자들은 유럽 대륙 철학에 반감을 갖고 있었고요."

가비 누나가 제법 길게 설명한다.

"그들은 대륙 철학에서 어떤 점을 지적했지?"

항상 강의실 맨 앞에 앉는 얀 형이 손을 든다. 철학 전공자인 얀 형의 답변은 들을 만하다.

"유럽 대륙 철학에는 개념과 그것이 지칭하는 대상이 무엇인지 불분명할 정도로 추상적이고 실체가 애매한 것이 많았죠. 그래서 뜬 구름 잡듯이 현실에는 존재하지 않는 관념을 다루는 철학이 지배적이었고요. 이런 대륙 철학의 특징을 우리는 관념론이라고 부르잖아요. 이 같은 유럽 대륙 철학의 전통적인 특징에 대해 일부 철학자들이 반발하고 나온 거죠."

"개념과 그것이 지칭하는 대상이라……. 더 설명해 보렴."

하비 선생님의 질문을 들으면 동양의 공자, 맹자뿐만 아니라 서양의 소크라테스가 제자들과 수업할 때 왜 문답으로 했는지, 그들의 사상을 기록한 글들이 왜 대화 형식으로 되어 있는지 이해가 간다.

"대화할 때 사용하는 단어가 가리키는 대상이 그 말을 듣는 사람이 생각하는 대상과 일치한다는 걸 말합니다. 이를 언어와 대상 사이의 지시 관계라고 부릅니다."

"단어와 대상 사이의 일대일 관계가 언어 이해의 기본 가정이라는 말이냐?"

하비 선생님이 묻자 얀 형은 망설임 없이 대답한다.

"예."

"그렇다면 언어가 가리키는 대상은 반드시 감각으로 확인할 수 있는 방식으로 존재해야 한다는 말인가?"

이번 질문에 형은 바로 답을 하지 못한다.

"음……. 그렇지 않을까요?"

"얀은 언어와 대상 사이의 일대일 관계라는 말을 이해하고 있구나. 대상이 실제로 존재하는지를 기준으로 말하고 있다고 보겠다."

"그런 가정은 반드시 옳다고 볼 수 없겠는데요."

참석자들 가운데 유일한 자연 과학 전공자인 토비아스 형이 나섰다. 지금은 물리학 학부 과정에 있지만 이후 과학사를 전공할 예정이라는 이야기를 들은 적이 있다. 자연 과학도들 중에서 인문학에 관심을 가진 사람들이 주로 선택하는 전공이 과학사다. 그래서인지 토비아스 형이 철학을 전공하는 대학생들과 대등하게 토론하는 장면을 자주 목격했다.

"반드시 옳지 않다?"

하비 선생님의 반문에 토비아스 형은 준비하고 있었다는 듯이 답한다.

"네, 얀의 생각에 따르면, 언어가 지칭하는 대상이란 오로지 외부에 존재하는 것이라고 할 수 있습니다. 하지만 우리가 사용하는 단어들 중에는 그렇지 않은 경우가 더 많습니다."

"예를 들면?"

하비 선생님이 다른 수강생들을 의식해 더 많은 설명을 부탁하는 듯하다.

"'이 사과는 빨간색이다'라는 문장에 들어 있는 사과는 분명히 존재하는 대상이고, 빨간색도 우리가 이미 경험한 바 있는 감각이죠. 물리학 관점에서 본다면 빛을 흡수, 반사하는 스펙트럼, 그로부터 분광된 결과로 지각되는 색깔……. 그게 빨간색이니까 이것도 '존재한다'라고 주장할 수 있고요."

"그렇지 않은 경우는?"

"'천사는 성스럽다'라는 문장에서 천사는 아무도 보지 못한 대상이기에 감각으로 확인할 수 없는 단순한 상상의 산물입니다. 한편 천사의 속성을 가리키는 '성스럽다'는 말은 우리가 체험한 적이 있는 사물의 성질에 관한 서술어입니다. 그렇지만 이 문장을 들은 사람 그 누구도 문장의 내용에 혼란스러워하지 않으며 자연스럽게 그 의미를 수용합니다. 따라서 이 명제는 참이라고 주장할 수 있다고 봅니다. 천사라는 대상이 실제로 존재하는지 확인할 수 없더라도 말입니다."

이때 얀 형이 반론을 제기한다.

"대상이 실제로 존재하는지 확인할 수 없다면 토비아스가 예로 든 문장이 의미가 있나요? 왜냐하면 말의 참과 거짓을 구분하는 기준을 존재의 여부로 두면 객관적이라고 할 수 있지요. 그래서 제가 어떤 말이 옳다고 할 때 그 판단 기준을 그 대상이 존재함으로 보는 반면에, 토비아스의 주장에는 그런 기준이 없잖아요. 또한 천사라는 단어를 한 번도 듣지 못한 사람도 있으며, 성스러움이라는 체험 역시 개인에 따라 다르게 규정되는 것이기에 그 문장이 참인지 거짓인지는 알 수 없는 게 아닐까요?"

얀 형의 구체적인 주장에 토비아스 형이 문제를 제기한다.

"그렇다면 방금 얀이 말하면서 사용한 문장에 나타난 모든 단어는 '사과'라는 단어처럼 항상 감각으로 확인 가능한 실재하는 것들인가요?"

각 주장의 대립이 분명해지자, 하비 선생님이 내용을 짚어 주었다.

"일단 두 사람 이야기 잘 들었다. 두 사람의 주장을 비교해 정리해 보자. 얀은 진리의 기준을 대상이 실재하는지의 여부에 두는 반면에, 토비아스는 진리의 기준을 어떤 말이 우리 사고에 모순을 일으키는지의 여부에 두는 것으로 보인다."

하비 선생님의 말에 동의라도 하듯이 참석자들이 고개를 끄덕였다. 하비 선생님이 참석자들의 반응을 살피는 동시에 설명을 계속한다.

"흔히 진리 이론에서 얀의 입장을 대응설[27]이라고 하고, 토비아스의 입장을 정합설[28]이라고 한다. 보통 대응설은 자연 과학을 연구하는 사람들이 사물의 객관성과 실재성을 가정하는 태도이고, 정합설은 대체로 인문학을 전공하는 사람들이 널리 받아들이는 입장이다. 그런데 얀은 철학을 전공하고 토비아스는 자연 과학도가 아니냐? 공교롭게도 정반대인데? 하하.”

하비 선생님의 말에 모두들 크게 웃는다.

“선생님, 그렇다면 대응설은 바로 대륙 철학을 공격하는 언어 철학자들의 입장이 되겠네요?”

여전히 웃음소리가 그치지 않은 와중에 가비 누나가 말했다.

“분석 철학자라고 불리는 사람들의 초기 관점이 대응설에 있다고 말하는 게 맞겠네.”

“선생님, 아무래도 대응설은 지나치게 단순한 주장 아닌가요?”

토비아스 형이 또다시 반론을 제기했다.

“그 이유는?”

“자연 과학자들이 연구하는 대상은 객관적으로 존재하는 대상이기 때문에 이를 객관적으로 다루기 위해서는 대상이 인간과 분리되어 있다고 가정하는 게 당연하겠지요. 그러나 인간의 사고는 훨씬 복잡하잖아요. 더욱이 생각할 수 있는 대상들 중에서는 반드시 실재하지 않은 경우가 훨씬 많지 않나요? 철학, 문학, 신학, 예술, 윤리학 등 수많은 학문에서 그런 대응설을 받아들이기에는 이 세상은 그렇게 단순하지 않다는 말이죠. 또 설명할 수 없는 것도 너무 많은

데……. 사랑이라는 현상을 봐도 그렇고요."

토비아스 형의 마지막 발언에 여기저기서 웃음이 터져 나왔다.

"지금 제가 주장하는 바는 이 세상을 오로지 대응설 관점에서 들여다봐야 한다는 게 아니라, 유럽 대륙의 관념론이 지나치게 추상적인 단어를 많이 사용해 왔기 때문에 비판을 받았다는 사실입니다."

한참 동안 비스듬하게 기울인 턱을 손으로 괴고 있던 하비 선생님이 입을 연다.

"그럴듯한 주장이다. 대응설은 현대 철학에서 다시 본격적으로 받아들여져 연구됐지. 하지만 그런 시도는 이미 훨씬 이전에도 있었다. 중세 후반기, 종교 철학에 대해서 너무 추상적이며 난해하다고 비판하는 철학 이론이 등장했지."

"오컴의 면도날(Ockham's razor)? 이게 관련이 있지 않나요, 선생님?"

"가비가 알고 있구나. 설명해 볼래?"

가비 누나는 정치학을 전공하지만 철학에 관한 지식도 탁월하다. 앞으로 계속해서 학문을 연구하겠다는 누나의 진로가 기대된다.

"영국 사람인 오컴은 당시 철학이 추상적이고 관념적인 개념을 활용해 온갖 궤변을 늘어놓는 것을 비판하면서 구체적인 개념 외에 모든 개념을 마치 면도날처럼 과감하게 잘라 내야 한다고 주장했습니다."

가비 누나의 말이 끝나자 얀 형이 한술 더 뜬다.

"오컴의 의도는 가급적이면 추상적으로 생각하지 말고 지시하는 바가 명확한 대상을 중심으로 생각하면 언어를 경제적으로 사용할 수 있다는 것이었습니다. 이런 생각이 나중에 영국에서 경험론이라는 철학을 싹트게 했다고 봅니다."

"그러고 보니 이 강좌의 수강생들은 이미 대응설을 지지하는 사람과 정합설의 입장에 있는 사람이 확연히 구분되고 있군."

하비 선생님이 미소를 지으면서 말했다. 선생님의 말에 모두들 웃었다.

"우리 주제에 맞춰 정리하자면 다음과 같다. 언어와 대상의 관계는 복잡하다. 우리 인간의 사고는 언제나 감각적인 데 머물러 있지 않고 그 이상을 넘어가려는 특징을 가진다. 그렇기 때문에 대응설만이 확실한 답은 아니다. 이런 내용이지? 어쨌든 20세기 전후에 등장한 언어 철학이 유럽 관념론을 비판할 때 대응설의 관점을 취한 건 사실이다. 그런데 말이다……."

하비 선생님이 화제를 전환할 때 자주 쓰는 말이 바로 '그런데 말이다'이다.

"오스틴이라는 언어 철학자는 다른 관점에서, 아니 한 걸음 더 나아가서 우리가 사용하는 언어의 기능에는 단순히 의미 전달만 있는 건 아니라고 주장했다. 자, 이 말을 숙고해 보자."

"의미 전달 외의 기능은 무엇이죠?"

얀 형이 말했다. 토비아스 형도 또 다른 질문을 던진다.

"의미 전달이라 함은 세만틱(semantics)[29]을 가리키는지요?"

"그렇지, 좀 더 설명을 해 줄래?"

하비 선생님이 질문한 토비아스 형에게 설명을 부탁했다.

"의미론은 언어가 가지는 가장 기본적이고 핵심적인 기능이라고 생각합니다. 아까 우리가 계속 이야기해 왔듯이, 언어를 사용하는 대화에서 기초는 언어와 대상의 관계, 즉 단어의 의미입니다. 말이나 문장이 담고 있는 내용이 바로 의미이며, 쉽게 말해서 '그게 무슨 뜻인가?' 하는 물음이 언어의 일차적인 기능이라는 겁니다."

"좋은 설명이다. 이번에는 내가 질문하지. 누군가가 '담배는 건강에 해롭다.'라고 말했다. 이 말을 듣는 사람은 문장의 의미에만 집중할까?"

이때 얀 형이 하비 선생님의 말을 거의 가로챘다. 얀 형은 밉지 않을 정도로 자신을 과시하는 스타일이다.

"사람들이 어떤 행동을 하게 만드는 효과도 있다고 봅니다. 그 말을 듣고 사람들은 '담배는 건강에 해로우니까 피우지 말아야지.'라고 생각할 수도 있으니까요."

"언어는 단순한 의미 전달에 그치지 않고 언어를 사용하는 사람들로 하여금 어떤 행동을 하도록 혹은 하지 말도록 만든다는 말이지.

이게 오스틴의 언어 행위 이론의 핵심이다."

하비 선생님은 흡족한 듯 중간 결론을 내려 주었다. 이에 토비아스 형이 손을 든다.

"선생님, 오스틴의 주장이 학문 분야에 어떤 메시지를 던진 걸까요?"

"좋은 질문이다. 자, 언어의 의미론과 행위 이론이 우리 학문을 연구하는 사람들에게 어떤 관점의 변화를 낳았을까?"

모두들 침묵을 지킨다. 어려운 질문이다. 내가 말할 차례가 된 것 같다.

"제가 생각하기에……."

강좌에서 나는 아주 드물게 발언하기 때문에 내가 입을 열면 유독 참석자들이 주목한다. 다들 아무렇지도 않은 듯 행동하지만 뚜렷이 느껴진다. 내가 긴장해서 그렇게 느낄 수도 있지만, 아무튼 주변에서 밀려오는 시선의 강도에 꽤 신경이 쓰인다. 중학생이 성인 교육에 참석하고 있으니 당연하지 않은가.

"언어가 생각을 담는 도구라는 것을 넘어서 같은 언어를 사용하는 사람들 사이에서 언어를 실제로 사용하는 행위 자체가 더 중요해졌다는 말이 아닐까요?"

"언어를 실제로 사용하는 게 중요하다? 조금 더 이야기해 줄 수 있겠니?"

하비 선생님이 더욱 부담을 주신다.

"글쎄요⋯⋯."

내가 머뭇거리자 가비 누나가 도와준다.

"어떤 책에서 본 용어인데 화용론(pragmatics)[30]이 그것과 관련이 있지 않나요? 철학을 예로 들어 볼게요. 지금까지 철학자는 자신의 주장이나 생각을 일방적으로 전달하는 위치에 있었다면, 이제 언어를 사용하는 철학자 공동체 안에서 구성원들 사이의 대화가 중요해졌다는 말입니다. 이게 바로 철학의 태도나 관점을 바꾸지 않았을까요?"

가비 누나의 확신에 찬 대답에 얀 형이 말한다.

"하지만 철학의 역사에서 보자면 이미 고대 그리스 시대에도 대화를 중요시했습니다. 따라서 화용론이라는 개념으로 철학의 방향이 급격하게 바뀌었다고 보지는 않아요."

"좋은 의견 제시다. 두 사람, 아니 진서우까지 셋."

하비 선생님이 나를 향해 살짝 미소를 지어 준다.

"세 사람이 이미 언급했듯이, 철학에서는 대화 자체가 중요한 교육 방법이었지. 이 점에서는 동서양에 차이가 없다. 그런데 가비가 언급한 화용론은 단순히 철학에서 대화를 강조한 것에 그치지 않고 어떤 중대한 변화를 낳았지."

"무엇인가요?"

얀 형이 재촉하듯이 질문했다.

"화용론이 독백에서 대화로 일종의 강조점의 이동을 초래한 건 분명하지. 그런데 핵심적인 차이는 바로 진리의 기준이 급격하게 바뀌었다는 점이다."

얀 형이 다시 질문한다.

"진리의 기준이 변했다는 게 무슨 말인가요? 소크라테스는 객관적이고 절대적인 진리가 존재한다고 주장했으며, 그 진리는 변증술 (dialectics)[31]이라는 대화를 통해 도달할 수 있다고 하지 않았나요? 독백에서 대화로 강조점이 이동했다고 하지만 별다른 차이를 찾을 수 없는데, 무슨 뜻이죠?"

"과거에는 권위가 있는 소수의 학자가 말을 하면 그 자체로 진리의 기준으로 간주됐단다. 하지만 이제는 특정한 개인이 진리를 보장한다는 걸 더 이상 믿지 않게 됐다는 말이다."

"대사상가가 사라졌다는 말인가요? 하비 선생님처럼 위대한 사상가도 아직 있는데……, 헤헤."

토비아스 형의 말에 모두들 웃었다.

"하하, 토비아스의 말도 관련이 있을 수 있다. 고대나 근대와 달리 오늘날에는 거대한 이론을 만드는 사상가가 드문 게 사실이다. 이 문제를 다른 각도에서 설명해 보마."

나는 천장을 응시하며 생각을 가다듬는 하비 선생님에게 집중했다. 하비 선생님이 말하기 시작한다.

"민주주의 정치의 대표적인 특징이 뭐지?"

"다수결, 토론과 합의, 법치주의……, 이런 거 아닐까요?"

토비아스 형의 대답이다.

"그렇지. 현대 민주주의는 다양한 관점과 주장을 수용하면서 그로부터 어떤 식으로든지 간에 합의를 이끌어 내야 한다. 여기서 합의는 소크라테스 선생님이 말씀하신 객관적이고 절대적인 진리와는 다르지 않을까?"

토비아스 형이 할 말이 있다는 뜻으로 손을 들었다.

"선생님의 말씀에 따르면 민주주의 사회에서의 온갖 갈등을 조정하는 합의란 절대적인 진리가 아니라 일시적인 결론 정도라는 말씀이시죠?"

"민주주의 사회에서는 어떤 특정한 개인에게서 진리 혹은 해답을 구할 수 없으며 그렇게 해서도 안 된다는 말이다."

"우리에게는 선생님의 말씀이 절대적인데…… 헤헤."

이번에는 얀 형이 싱거운 말을 꺼냈다. 하지만 이내 진지한 자세로 토론을 이어 갔다.

"민주주의 사회에서 토론이 중요한 이유는 잠정적인 합의를 이끌어 가는 과정에 있다고 할 수 있고, 따라서 말을 통해 진행되는 의사소통은 대등한 개인들의 합리적인 이해와 논의에 기초해 진행되는 것이다……. 이런 말씀이시죠?"

"옳지."

이제 내 차례다.

"선생님은 사람들의 대화가 언제나 이성적으로 진행된다고 주장하는데, 그런 게 가능한가요?"

"구체적으로 설명해 볼래?"

하비 선생님은 흥미로운 표정으로 되물었다.

"제가 자주 경험하는데, 많은 사람이 대화 상황에서 반드시 합리적으로만 사고하는 건 아니라고 생각해요. 자신을 과시하거나 잘난 체하는 모습도 보이고, 가끔은 진짜 자기 생각인지 의심스럽기도 하고, 때로는 진심이 아닌 것 같다는 느낌을 받을 때도 있어요."

"누구나 의사소통 과정에 온갖 종류의 욕구나 소원 같은 것을 끌고 들어오지. 이는 아주 정상적이다. 하지만 내가 지금 말하는 의사소통 상황은 아주 이상적인 상태로 가정하는 경우란다."

"저번에 들은 내용이네요."

하비 선생님은 고개를 끄덕이며 말을 잇는다.

"우리가 어떤 바람직한 이상을 설정한다는 건 흔히 말하듯이 이론적인 시도다. 이렇게 항상 올바른 기준을 가정하기 때문에 이론은 현실과 거리가 먼 경우가 많지. 우리는 이를 규범적인 장치라고 부른다."

"전에 선생님이 하신 말씀을 떠올려 보면, 이론적 설정은 일종의 실험적인 상황이죠?"

"지난번에 그걸 '반사실적 명제'라고 규정한 바 있지."

"선생님, 이 용어는 원래 언어학에서 나오는 용어 아닌가요?"

가비 누나가 말했다.

"그래, 가비가 더 이야기기해 보렴."

"반사실성 명제는…… 쉽게 말해서 '만약에' 같은 가정문 형식을 띠는 문장을 가리킨다고 알고 있습니다."

"반사실성은 온갖 조건과 가정을 바탕으로 특정한 제안을 하는 이론적인 차원을 말한다."

"이상적인 대화 상황이라는 개념이 반사실성과도 관련이 있나요?"

"독서량이 엄청난 진서우는 정확히 알고 있구나."

하비 선생님의 말에 약간 쑥스럽지만 기분은 아주 좋다.

"선생님!"

내 뒤에 앉아 있는 게리 형이 오랜만에 입을 열었다. 형은 확실히 신중한 스타일이다. 그래서 클라우스 형은 항상 게리 형에게 '너의 색깔은 빨강과 초록 사이야!'라고 말하며 놀린다. 이는 게리 형의 온건한 정치적 성향과도 관련이 있다.

"특정한 개인의 말이 주도적인 힘을 가지지 않는다면, 이상적인 담화 상황에서는 새로운 제3의 질서가 존재한다는 생각이 들어요."

"오호, 그게 뭘까?"

"합의가 불가능할 정도로 다양한 의견이 부딪치는 민주적인 의사소통 과정에서는 대등한 개인들이 주장한 의견들로 이루어지는 어떤 차원이 있지 않을까요. 음, 흔히 토론에 참여한 사람들은 상대방의 이야기를 들으면서 자신의 생각을 수정하거나 숙고하는 경우가 있어요. 심지어 가끔은 다른 사람이 이미 주장한 기발한 생각을 자신의 생각으로 착각하는 경우도 있거든요?"

"제3의 질서……. 모든 개인이 말로 표현한 결과물들이 모여서 스스로 역동적인 과정을 거치는 것! 이걸 뭐라고 부르는지 알고 있는 사람 있나? 요즘 아주 흔하게 사용하는 용어인데."

하비 선생님의 퀴즈에 모두들 관심을 갖는다.

"담론![32]"

정답을 맞힌 사람은 역시 가비 누나다.

이제 강좌의 흐름은 담론으로 넘어가는 듯하다.

"자주 사용하는 담론이라는 말은 현대 민주주의 사회에서 토론의 길시를 가리키는 말이면서도 동시에 권위 있는 개인에게 절대적인 진리 혹은 해답을 구하는 걸 부정하고 그 대안으로 찾은 용어라고 할 수 있다."

이제 게리 형도 적극적으로 나선다.

"선생님, 담론이 대화를 중시함으로써 관점의 변화를 보여 주는 것이라면, 이제 말하는 주체는 그런 담론 질서에서 사라지는 것 아닌가요?"

하비 선생님이 조금은 머뭇거리며 대답한다.

"어려운 질문이다. 아마도 입장에 따라서는 말하는 주체를 완전히 부정하는 과격한 주장도 나올 수 있다. 아니면 현대 민주주의 사회에서는 대중의 다양한 생각이 모이는 담론이라는 질서를 더 강조해야 한다고 주장하는 사람도 있을 수 있고."

"선생님의 입장은 어느 쪽인가요?"

얀 형의 질문이다.

"하하, 글쎄다. 두 입장을 양극단으로 놓고 보자면 후자의 입장에 조금 더 가깝지 않을까?"

"말하는 주체를 담론의 질서에서 완전히 부정하는 입장은 포스트모더니즘과 관련이 있다고 할 수 있나요?"

가비 누나가 새로운 내용을 끌고 들어왔다.

"좋은 지적이지만 포스트모더니즘에 관해서는 내년 초 프로그램에서 다루기로 했으니 지금은 잠시 보류하자. 그래도 일단 가비의 질문에 그렇다는 대답은 줄 수 있겠구나."

"담론이 현대 민주주의에서 가장 중요한 질서라고 할 수 있겠네요."

토비아스 형이 펜을 돌리며 말을 던졌다.

"그렇지."

이내 토비아스 형이 질문을 이어 간다.

"민주적인 의사소통 과정을 거쳐 나온 모든 합의가 잠정적인 것에 불과하다면 그 과정이 끝없이 계속될 겁니다. 그렇다면 특정한 시기에 찾은 결정이나 합의가 나중에 실수나 잘못된 것으로 판명되는 경우도 있다는 말입니까?"

"그럴 수도 있지. 유권자들이 스스로 선택했던 정치 지도자에 실망하고 등을 돌리는 경우가 그 예라고 할 수 있지."

"우리는 이를 충분히 경험했었죠!"

"하하."

내가 즉각적으로 대답한 말에 모두들 웃고 난리다. 쑥스럽다.

"독일도 마찬가지고 전 세계 민주주의 국가에서는 으레 일어나는 일이지."

토비아스 형이 말하자 사람들이 귀를 기울었다. 형이 발언을 이어갔다.

"선생님, 그렇다면 두 가지 문제가 생긴다고 봅니다. 첫째, 특정한 시점에서 잠정적인 결론을 수용할 수밖에 없는 담론의 과정이 끝임없이 진행된다는 점은 인정하겠지만 그 담론이 힘을 계속 얻을 수 있는 근거는 따로 있어야 할 것 같습니다. 둘째, 결국 이렇게 실수나 오류를 피할 수 없다면 민주주의는 상당히 허약한 기초를 가진 제도라고 할 수 있습니다."

"내가 쓴 논문을 읽지 않았다면 토비아스 너는 정말 훌륭한 추론 능력을 가진 것이다."

하비 선생님의 최고의 칭찬에 토비아스 형의 눈이 더욱 빛났다.

"이 두 문제에 대해 누가 말해 볼까? 더 많은 의견이 나오면 좋겠구나."

오른쪽 손바닥으로 턱을 받치고 있던 가비 누나가 하비 선생님의 요청에 응답한다.

"음…… 첫 번째 문제가 더 어렵네요. 제가 찾은 해결점은 진화인데요. 시간에 따라 자연스럽게 더 나은 방향으로 발달하는 게 진화잖아요. 진화론이 자연의 장기적인 변화를 설명하는 이론이지만, 사회에도 마찬가지로 적용해 설명할 수 있다고 봐요. 허버트 스펜서[33]가 주장한 사회 진화론을 적용해, 담론도 진화하고 그에 따라 발전한다고 보면 문제는 해결되지 않을까요?"

"시간의 흐름에 맡기자, 이 말인가?"

"네, 자연의 질서가 진화 과정을 통해 발전하거나 개선해 가듯이 담론도 그럴 수 있다고 봅니다."

"저는 가비의 생각에 치명적인 문제점이 있다고 봐요."

가장 뒤쪽에 앉아 있어서 그랬겠지만 제법 큰 목소리가 공격적으로 들리는 바람에 모두들 고개를 돌렸다. 게리 형이다.

"이야기해 보렴."

선생님이 발언을 유도한다.

"가비는 진화 과정 속에 바람직한 방향으로 가게 하는 어떤 '가치'가 있다고 가정하고 있는 것 같은데, 자연의 변화 과정에 가치가 있다는 가정은 오류라고 봐요. 반면에 담론 같은 사회적 영역에는 우리 인간들이 가치를 부여하는 경향이 있거든요. 결론은 자연의 과정과 사회의 과정은 다르다는 말이죠."

상당히 난해한 문제인데 영리한 게리 형답게 상당히 설득력 있는 반론이었다.

"제가 제기한 첫 번째 문제에 대해 나름대로 동의할 수 있는 답이 게리에게서 나온 것 같아요."

토비아스 형도 맞장구친다.

"게리와 토비아스의 생각에 따르면, 담론이 전개되는 장기적인 과정에 인간 스스로 규범을 부여한다?"

"예."

"저는 그렇게 생각해요."

게리 형과 토비아스 형이 고개를 끄덕이며 공감을 표시했다. 가비 누나가 바로 반박한다.

"하지만 담론 질서가 지속되는 과정에 인간이 규범을 부여한다는 말은, 법과 마찬가지로 담론 과정에서 어떤 약속된 규칙을 정한다는 말인데, 그렇게 규정된 법도 잠정적인 것에 불과하다면 순환 논리에 빠지는 약점이 있지 않나요?"

"가비의 주장은 나름대로 탄탄한 논리를 갖고 있는 것 같구나."

하비 선생님의 논평이 있은 후 곧장 게리 형이 말한다.

"담론의 전개를 진화 과정과 동일하게 설명하는 건 그 과정 속에 전체를 규정하는 어떤 원리가 들어 있다고 보는 것인데, 이는 아주 낡은 철학의 흔적이 아닌가요?"

"낡은 철학이라니!"

가비 누나가 다소 언짢은 말투로 퉁명스럽게 말했다.

"게리, 거친 언어를 사용한 비판은 정당하지 않다. 가비의 생각이 목적론(teleology)[34]이라는 오랜 철학 이론을 받아들이고 있는 건 분명하지만, 이는 지금도 여전히 통할 수 있는 관점일 수 있다. 중요한 건 두 입장이 서로 다른 가정을 하고 있다는 점을 확인하는 일이지."

하비 선생님이 토론 흐름을 깔끔하게 정리했다.

"이제 토비아스가 말한 두 번째 문제에 대해 논의해 보자. 토비아스, 다시 한번 문제를 정리해 줄 수 있겠니?"

"예, 담론이 진행되는 과정에서 나온 합의가 실수를 피할 수 없다면 이를 기반으로 운영되는 민주주의의 기초는 허약하다는 점입니다."

"여기에 의견을 덧붙일 사람?"

하비 선생님이 좌우로 시선을 반복해서 움직인다. 침묵이 흐른다. 얼마 지나지 않아 게리 형이 입을 열었다.

"이 문제는 정치적 합의 과정이 절대적인 진리가 아니라 시행착오의 결과라는 점과 관련이 있다고 봅니다. 누구나 실수할 수 있는 것처럼 인간이 피할 수 없는 한계를 지적하는 것 같습니다."

게리 형의 말이 끝나자 오랜만에 얀 형이 나선다.

"시행착오는 오히려 긴 시간에서 보면 개선과 향상을 기대할 수 있기에 그다지 큰 문제가 되지 않을 수 있습니다. 오히려 토비아스가 이 문제를 제기한 건 가장 대표적인 담론 과정이라고 할 수 있는 선거에 관심이 많기 때문이 아닐까요? 선거는 자주 있는 사건이기에 유권자들의 실수투성이 선택이 쉽게 확인되니까요. 쉽게 말해서 유권자들이 정치가를 선택하는 일은 미래를 예측하는 일이기 때문에 항상 위험이 도사리고 있다는 말이죠."

"얀의 말에 동의해요. 제가 고민했던 게 바로 선거라는 제도였거든요."

토비아스 형이 맞장구를 치자 얀 형이 말한다.

"선거를 치르고 후회하는 경우가 많은 건 기대했던 바와 실제 현실 사이에 차이가 크기 때문이라고 생각해요."

선거 이야기가 나오자 나도 한마디 하고 싶어졌다.

"우리 한국은 그런 경험을 더 많이 겪었어요. 독일에서는 뚜렷하게 구별되는 정치 이념에 따라 정당이 존재하고 각 정당에 속하는 정치인도 쉽게 구분되고 일관된 정책을 펼치는 편이잖아요. 그러니까 기대와 다르다는 실망이 한국인보다는 덜하지 않을까요? 한국은 전혀 그렇지 않거든요."

"구체적으로 설명해 줄래?"

하비 선생님이 추가적인 설명을 요청했다.

"한국의 모든 정당은 선거 시기에는 정책으로 구분되지 않아요. 심지어 모든 정당 소속 정치가가 서민 경제를 대변한다고 주장하면서 재래시장을 돌아다니죠. 모두들 서민처럼 행동한다니까요. 평소에는 부자로 살면서……."

"하하."

모두들 웃는 틈에 토비아스 형이 입을 연다.

"유럽은 다수 정당이 존재하기 때문에 선거 결과에 따라 연립 정부를 구성하면서 정치 세력들 사이에 균형을 이루려는 경향이 강하고, 각 정당은 자신들의 정치적 지향을 속이지 않죠. 그런데 진서의 나라에서 정당은 정치 이념에 따라 존재하지 않는다는 말이네? 상당히 흥미로운데……. 그럼 유권자들은 정책이 아닌 무엇으로 정치가를 선택한다는 말이지?"

"한국 정치가들은 정책에도 일관성이 없고, 위선적으로 행동하면서 공약을 이행하지 않는 경우가 많아요. 예를 들어 재벌 같은 대기업의 이익을 대변하는 정당이 선거 때면 가장 서민을 대변하는 정당처럼 행동하거든요."

"진서 이야기를 들어 보면 미국의 선거와 비슷하면서도 다른 점이 있는 것 같네. 미국에서는 선거 과정에서 온갖 화려한 이벤트를 연출해서 유권자의 관심을 끌고 그로 인해 지지율에도 결정적인 영향을 주는 문화가 있거든. 흔히 이런 선거 운동 현상을 컨벤션 효과(convention effect)[35]라고 부르지."

가비 누나의 말에 게리 형도 거든다.

"미국은 사실상 양당제이기 때문에 정책 대결보다는 정치가의 유명세나 정치적 분위기에 민감하게 움직이는 것 같아. 이와 달리 유럽에서 선거는 미국이나 한국에서처럼 그렇게 시끌벅적하지 않은 일 같고. 아무튼 유럽에서는 대체로 자신의 직업이나 자신이 속해 있는 계층의 이익에 따라 지지하는 정당이 정해져. 노동 계층이면 노동자에게 유리한 정책을 내는 정당을 선택하지. 그렇기 때문에 정당이나 정치가는 권력을 차지한 다음에 변심하는 경우가 거의 없어. 정당의 정책은 일관적이거든."

"자, 이제 주제로 다시 돌아와 보자. 선거가 정치적 담론이 전개되는 대표적인 경우이고 그 결과를 가장 분명하게 보여 준다는 문제에 대해 이야기해 볼까?"

하비 선생님이 토론의 방향을 정리한다. 잠시 후 손을 낮게 든 가비 누나에게 답변을 하라는 눈짓을 보낸다.

"선거가 담론의 과정이고 또 그 결과라는 점에 동의해요. 하지만 선거에서 등장하는 문제는 민주주의 제도의 절차를 어떻게 보아야 하는지와 관련이 있다고 봐요."

"절차의 문제라……."

하비 선생님이 이야기를 재촉하듯 혼잣말을 했다.

"선거 결과를 받아들이는 건 당연하잖아요? 또한 선거에서 승리한 정치 세력에게 법 테두리 안에서 권력을 행사하도록 하는 일도 절차적인 민주주의 제도를 통해 가능하다고 봅니다."

가비 누나의 말이 끝나자 얀 형이 반박한다.

"민주주의에서 절차와 과정을 중시하는 건 일종의 원칙이죠. 하지만 권력을 부여받은 정치 세력이 법을 준수하지 않는 경우에 그 권력 행사를 중단시키는 유권자의 행동이 더욱 적극적인 민주주의 원리가 아닐까요?"

"예를 들어 볼래?"

"나치 정권도 사실상 합법적인 과정을 거쳐 권력을 차지했잖아요. 그들에게 권력을 부여한 사람들은 유권자였지만, 권력의 행사는 나치 정권의 권리였죠. 어쨌든 여기서 단순히 절차적 합법성을 인정하는 것만이 과연 민주주의일까요? 오히려 유권자들이 스스로 자신의 선택을 후회하고 또 저항하는 게 민주주의를 더욱 확고하게 지키는 일 아닐까요?"

하비 선생님이 좌중을 둘러본다. 얀 형의 말에 대응할 수 있는 사람을 찾는 것 같다. 모두가 침묵을 지키자 선생님이 말을 꺼낸다.

"자, 얀이 아주 논쟁적인 문제를 던진 것 같다. 절차적 민주주의와 국민의 저항권! 이렇게 대립하는 용어로 정리해 볼 수도 있겠구나."

"절차적 민주주의는 단순한 약속에 불과하다고 봅니다. 선거 결과를 받아들였을 때 민주주의 제도를 안정적으로 유지할 수 있다는 이유밖에 없어 보입니다. 이는 잘못된 내용이 관철되어도 제도라는 이유로 무조건 받아들여야 한다는 말인데, 너무 형식적인 것 아닌가요? 따라서 절차적 결과의 수용만으로 민주주의가 모두 실현되었다고는 볼 수 없습니다."

토비아스 형의 말이다. 이에 가비 누나가 다시 반박한다.

"저는 토비아스와는 생각이 조금 달라요. 바로 그 안정성이 절차적 민주주의를 지켜야만 하는 가장 중요한 이유이고, 따라서 절차적 민주주의는 민주주의 제도에서 가장 중요한 원칙이죠. 저항권은 정말 예외적인 경우에만 등장할 수 있지 않을까요. 예컨대 혁명?"

"가비의 의견에 동의해요. 저항권은 일종의 국민의 의사 표현의 과정이지 결코 절차를 뒤집는 과정까지는 아니라고 봐요."

게리 형이 주장했다. 이에 지체 없이 토비아스 형이 다소 격앙된 목소리로 말한다.

"저항권을 예외적인 상황에서만 사용할 수 있다는 점을 인정합니다. 하지만 인류 역사상 바로 이 저항권이 국가와 사회를 전면적으로 바꾼 사례가 많죠. 그렇다면 절차적 민주주의는 단지 형식적인 약속이고 저항권이 진정한 역사의 내용이 아닐까요?"

"와! 토비아스가 이렇게 과격한지 몰랐네. 크크."

게리 형이 다소 비꼬는 말투로 말했다.

"과격했어? 하하."

성격 좋은 토비아스 형은 이렇게 넘긴다.

"내가 혁명을 추구한다는 게 아니야. 이 말이 맞는지 모르겠지만, 저항권은 오히려 절차적 민주주의가 보장되는 상황에서 빛을 발하는 게 아닐까? 평화롭고 안정적인 시대에는 절차적 민주주의가 잘 운영되어야 하지만, 그렇지 못한 상황에서는 저항권이 그 진가를 발휘한다고 봐. 그렇게 해서 민주주의를 회복할 수 있다는 말이지."

토비아스 형의 말에 하비 선생님이 흡족한 표정을 짓는다. 그런 선생님의 표정은 이 주제에 대한 이야기를 끝낼 때가 됐다는 뜻이다.

"서로 대립하는 주제에 대해 토비아스가 어느 정도 마무리 발언을 했다고 본다. 결국 담론은 자기 자신을 개선하고 변화시키는 독특한 과정을 거친다는 말이 되겠다. 거기서 민주주의의 기본적인 원칙이 유지되고. 자, 오늘 강좌는 여기서 마무리하고 조금 쉬었다가 토론 대회의 공지 사항을 전달하겠다. 오늘 모두 수고했다."

하비 선생님은 집무실로 돌아갔다. 강의실 입구 앞 탁자에는 간단한 요깃거리가 준비되어 있다. 저녁 강의라 배가 고플 수 있기 때문이다. 음식들은 간소한데 비스킷 사이에 작은 치즈를 끼워 넣은 것과 음료수가 전부다.

"어이, 헬무트! 넌 강의 시간에 왜 입을 다물고 있냐?"

토비아스 형이 농담과 진담이 구분되지 않는 애매한 말투로 빈정대자 헬무트 형이 머쓱해하는 어깨 추임새를 보인다.

"하하, 헬무트는 아스타 일을 할 때도 저랬어."

게리 형의 말에 모두 웃는다.

"하하하."

유난히 하얀 피부를 가진 헬무트 형은 여전히 웃기만 한다.

"보수는 원래 담론에 약해요. 그래서 토론에서는 입을 다물고 있지만 결국 권력을 차지하는 경우가 많지."

'아니? 이건 클라우스 형의 말투인데?'

역시나 클라우스 형이 갑자기 나타났다.

"뭐 하느라 이제 왔어요?"

나는 간단히 왼손을 들어 인사를 대신하면서 물었다.

"클라우스, 그건 좀 심한 말이다."

게리 형이 부드럽게 타박한다. 헬무트 형의 얼굴색도 분홍빛으로 변했다.

"맞잖아? 기민당 애들은 권력을 좋아하지, 토론은 싫어한다니까?"

클라우스 형은 멈추지 않았다.

"보수적인 애들이 토론에 적극적이지 않다는 건 편견이야. 단지 개인 차이로 봐야 해. 기민당 소속의 가이슬러 의원의 토론 능력은 사민당의 그 어떤 의원보다도 뛰어나."

분위기를 누그러뜨리려고 노력하는 게리 형이다. 외국인인 나역시 보수 성향 정치가들이 더 발음도 명확하고 어법에 맞는 말을 한다는 인상을 받았다. 하지만 그들이 관습적인 예법을 중요시하는 경향 때문에 토론 자체에는 약할 수도 있다는 생각도 든다.

"나도 토론에 적극적으로 참여하고 싶지만 내가 이 아카데미 강좌를 정식으로 신청한 것도 아니라서……. 배우는 자세로 들었어."

헬무트 형의 아주 소심한 발언에 게리 형이 오히려 안타까워하는 표정을 짓는다.

"헬무트, 알고 있어. 클라우스 말에 너무 상심하지 마라. 오늘 토론 대회 준비 모임도 있잖아. 헬무트는 겸사겸사 온 거지."

이제 클라우스 형도 더 이상 말을 하지 않는다. 이쯤 되면 분위기가 어느 정도 정리된 것 같다.

하비 선생님이 나온다. 왼손에는 커피가, 오른손에는 제법 두툼한 종이 뭉치가 들려져 있다.

"클라우스는 늦게 왔구나. 다들 들어가서 짧게 이야기 좀 하지."

선생님의 말에 클라우스 형은 가볍게 목례한다. 1월 말에 있을 토론 대회를 준비하는 일은 어차피 아카데미 식구들이 해야 한다. 나도 봉사자들 가운데 한 명이다. 다만 대회에 참여하는 클라우스 형과 게리 형은 봉사에서 빠진다.

"종이에 쓰여 있듯이, 일정이랑 당일 프로그램 진행에 대해서 대략 숙지하고 있기 바란다. 봉사자들은 준비 위원회에 참여해서 별도의 모임을 갖도록 하고."

하비 선생님은 나를 비롯해서 가비 누나, 토비아스 형, 얀 형의 얼굴을 번갈아 보며 말했다.

"예전처럼 우리 아카데미 회원들의 출전은 제한되나요?"

게리 형이 질문했다.

"우리 아카데미가 토론 대회 주관 기관이기 때문에 출전 인원이 세 명으로 제한되어 있다. 클라우스랑 게리가 출전하니까 아직 한 자리 여유가 있는데, 지원하고 싶은 사람이 누가 더 있을까?"

"글쎄요……. 각종 국가시험이 있는 시기라서 많지는 않을 것 같아요."

마찬가지로 게리 형이 대답했다. 이때 클라우스 형이 헬무트 형을 슬쩍 보면서 선생님에게 말한다.

"혹시 보수 계열 단체는 몇 명의 지원자를 할당받았나요?"

"일단 사민당, 기민당, 녹색당, 자유당 청년 조직에 각각 두 명, 부르셴샤프트(Burschenschaft)[36]에 세 명을 할당했다. 각 정파별로 인원을 할당했으니까 자체적으로 추천이나 예선을 치른 다음 본선에 올리겠지."

"우리 아카데미의 게리는 사민당 계열이고 저는 녹색당 소속이지만, 정당 소속이 아니라 아카데미 소속으로 출전하는 건가요?"

클라우스 형의 말에 하비 선생님은 미소를 띠면서 대답해 준다.

"그런 셈이지. 어쩌면 우리 아카데미에게 주는 특혜라고도 할 수 있다. 하지만 대회 진행은 공정하게 이루어지니 너희들도 열심히 하기 바란다."

하비 선생님의 말에 모두들 웃는다. 이어서 선생님은 헬무트 형에게 말을 건다.

"헬무트도 오랜만이다. 강의 시간에 보기는 했다만……."

"예, 선생님! 인사 늦었습니다. 잘 지내셨나요?"

헬무트 형이 겸연쩍은 듯 머리를 만지며 대답했다.

"그래, 지난번 법 해석학 강의 이후로 처음이구나. 이번에 헬무트가 기민당 청년 조직 대학생 대표로 토론 대회에 출전하겠지?"

"아직 모르겠습니다. 출전을 희망하는 사람이 많이 있으면 내부에서 예선전을 치러야 하니까요."

"작년에는 기민당이 입상하지 못했지만, 2년 전에 준우승한 안젤라가 올 초 지방 의회 선거에 출마해서 당당히 당선됐지. 헬무트도 그렇게 되길 바란다."

"아닙니다. 쟁쟁한 실력자가 많은 여기 아카데미에서 우승자가 나오지 않을까요? 저는 올림픽 정신으로 참가하는 데만 의미를 두고 싶은데요. 헤헤."

헬무트 형의 겸손한 발언을 듣고 나니 클라우스 형의 얼굴이 보고 싶었다. 마침 나랑 눈이 마주친 형은 장난스럽게 윙크를 한다.

"총 출전자는 열다섯 명 내외가 될 것 같다. 예년처럼 토너먼트로 진행되니까 대회를 운영하는 데 일이 적지 않을 게다. 토론 주제로 예비 문항을 포함해 다섯 개 정도는 준비해야 할 것 같구나."

선생님의 말에 출전을 앞둔 형들은 질문을 삼간다. 벌써부터 긴장하는 분위기다. 그들 대신 이번에는 토비아스 형이 질문을 한다.

"이번에도 지방 방송국에서 중계하나요?"

"아직 확정되지는 않았지만 지난주에 엔데아르(NDR) 방송국 편성 피디가 일정을 묻더구나. 특별한 일이 없다면 이번에도 중계하지 않을까?"

작년 초, 당시 아카데미의 회원이 아니었던 나는 아빠를 따라 참석해 이 대회를 지켜봤다. 이번에는 아카데미 회원이자 대회 준비 요원으로 봉사하는 입장이라 느낌이 다르다. 제법 설렌다.

"이번에도 선생님이 주제를 출제하나요?"

항상 의심이 많은 얀 형이 결정적인 질문을 했다.

"좋은 질문이다. 대회가 벌써 5년째인데 작년까지 별 탈 없이 대회가 열렸다. 하지만 언론과 일반 대중의 관심을 받다 보니 신뢰나 공신력에 있어서 제법 신경이 쓰이는구나. 그래서 내가 괴팅겐대학 교수들 서너 명과 협업해 출제하기로 했다. 같이 논의해서 다양한 방면에서 주제를 발굴할 예정이다."

"다양한 주제를 다루는 것에 적극 환영합니다. 철학 전공자인 저로서는 지금까지 주제들이 지나치게 사회 과학 방면에 한정됐다고 느꼈거든요."

가비 누나의 말이다.

"그동안 사회적, 정치적 문제에 초점을 둔 바람에 주제가 편중됐다는 인상을 받았나 보구나. 가비도 출전의 야망을 갖고 있는 눈치구나."

"아, 아니에요. 저는 글쓰기와 달리 말하기에는 아직 두려움이 많아요. 하하."

"이 시대 최고의 글쟁이 가비가 토론 강좌에 신청한 걸 보면 야망이 없다고 할 수는 없는데. 하하."

게리 형이 놀린다.

"이번에 심사 위원은 어떻게 구성하죠?"

이번엔 토비아스 형의 질문이다.

"대회를 후원하는 자동차 회사의 사회 공익 사업 책임자와 이야기를 더 해 봐야 할 것 같구나. 특별한 일이 없으면 작년처럼 인근 대학교수와 전문가로 구성하고, 당연히 정당 소속 정치가는 배제되고……."

대회 준비 위원회 모임은 1월 첫 주에 시작된다. 그 일정과 관련해 우리 진행 요원들만 별도로 이야기를 나눈 다음 오늘 회합이 끝났다. 크리스마스 시장에 가자는 게리 형의 제안에 대부분이 찬성했다. 예닐곱 명은 자전거를 타고 이동하기로 했다. 바람이 제법 차다. 다행히 비는 오지 않았다.

[24] c.t.는 라틴어 'cum tempore'의 약자로, 명시된 시간보다 15분 뒤에 시작한다는 뜻이다. 한편 정시를 뜻하는 라틴어 표기는 s.t.(sine tempore)이다.

[25] 출처: 위르겐 하버마스, 《의사소통행위이론 2》(나남, 2006), 제6장.

[26] 철학을 포함한 여러 학문이 언어 문제로 관심을 돌리는 경향을 가리키는 말이다.

[27] Correspondence theory 대응설. 참된 관념은 실재하는 것을 반영한다는 이론.

[28] Coherence theory 정합설. 일관성 이론. 어떤 관념이 우리 사고 내에서 일관성이 있어야 진리라는 이론.

[29] 의미론을 뜻한다.

[30] 출처: 위르겐 하버마스, 《의사소통행위이론 1》(나남, 2006), 제3장.

[31] 대화법이라고도 한다.

[32] 영어로는 'discourse', 독일어로는 'Diskurs'다.

[33] 허버트 스펜서(Herbert Spencer, 1820~1903). 영국 출신의 사회학자이자 철학자. 스펜서는 오귀스트 콩트(Auguste Comte, 1798~1857)가 개척해 놓은 실증주의 사회학의 흐름에 발맞춰 종합적인 사회학을 구축하기 위해 진화론을 사회 발전 과정에 적용했다.

[34] 목적론은 모든 사물이 스스로 존재하는 근거와 이유를 지니고 있으며, 그것으로 인해 존재가 생성하고 발전하는 데 방향을 제시한다는 관점이다. 고대 그리스의 아리스토텔레스가 이를 잘 정리했다.

[35] 정당 대회 같은 정치 이벤트를 화려하고 감동적으로 개최함으로써 유권자들의 관심을 유도해 지지율을 높이는 효과를 말한다.

[36] 오래된 역사를 가진 청년 단체. 19세기 말 민족주의 흐름에서 조직된 단체이기에 다소 보수적인 성향을 띤다. 독일 전역에 산재해 있다.

6

클라우스의
신념

크리스마스 연휴에는 룩셈부르크에 다녀왔다. 그곳은 세금 혜택이 많아서 한국계 은행을 포함해 다양한 외국계 은행들의 현지 법인이 있다. 나는 한 은행에서 일하는 한국인 가족의 초대로 방문했다. 엄마와 아빠가 서울로 떠난 후 처음으로 맞은 연휴였는데 즐겁고 행복한 시간이었다.

나는 부모님과 트리어라는 작은 대학 도시에서 독일 생활을 시작했다. 그곳에서 부모님은 독일어 연수를 받았다. 트리어는 인류 역사에 뚜렷한 영향을 미친 마르크스가 태어난 곳이다. 고대 로마가 게르만 지역을 통치하기 위해 지정한 지역 수도 가운데 한 곳이기도 하다. 목욕탕이나 개선문 같은 고대 로마의 유산이 많은 이유이다.

우리 가족은 트리어와 국경을 맞대고 있는 룩셈부르크를 자주 찾았다. 자동차 기름 같은 몇몇 상품의 가격이 독일보다 훨씬 저렴하기 때문이다. 룩셈부르크는 작은 공국(公國)임에도 볼거리가 제법 많다. 도시 곳곳에 계곡이 있어서 도로들이 수많은 다리로 연결되어 있다. 밤이 되면 계곡의 조명이 만들어 내는 야경이 특히 아름답다.

연말연시를 룩셈부르크에서 보낸 다음 나는 학교 공부도 열심히 했다. 휴가 기간에도 문을 여는 대학 도서관을 활용했다. 대학 도서관은 주 정부 시설이기 때문에 시민 누구에게나 개방되어 있다. 틈틈이 토론 대회 준비 모임에도 참여했다.

1월 셋째 주 금요일 오후, 오늘은 마지막 준비 모임이 있는 날이다. 다음 주 수요일 오후에 열리는 토론 대회를 최종 점검하는 날이라서 중요하다. 시내에 있는 캠퍼스 카페테리아에서 점심을 간단히 때우고 아카데미로 서둘러 가고 있다. 화창한 날씨라 자전거 전용 도로가 상당히 붐빈다. 나는 아직 중학생이라 그런지 자전거 속도를 내는 데 한계가 있다. 대학 병원을 지난 북쪽 지역은 오르막길이다. 힘에 부치는 구간을 한참 올라가고 있는데 누군가 나를 부른다.

"아카데미 가는 길?"

얀 형이다.

"형, 안녕."

나는 숨을 헐떡거리며 인사했다.

"응. 오늘 마지막 준비 모임이네……."

형은 숨이 차지도 않은 모양이다. 확실히 독일 사람들은 체격이 좋은 만큼 체력이 좋은 것 같다. 김나지움 7학년 정도면 나보다 10센

티는 더 크고 힘도 세고 운동도 잘한다. 거뜬하게 오르막을 향하던 얀 형은 오히려 나를 배려하며 속도를 늦춘다.

"오늘 참가자가 확정되겠네."

얀 형은 확정된 참가자를 이미 알고 있는 투로 말한다. 특유의 허세가 엿보이지만 밉지는 않다.

"우리 아카데미에서의 출전자는 이미 정해졌고, 다른 쪽에서 누가 나오는지도 확정됐다는 말이죠?"

내가 묻자 얀 형은 더욱 신나서 어쩔 줄 몰라 한다.

"너는 누군지 모르지?"

형은 드디어 정보를 공개한다며 우쭐해한다.

"우리 쪽 게리와 클라우스에게 강력한 라이벌이 될 기독교 정당 계열 후보들과 부르셴샤프트 소속 출전자들이 뜨고 있다던데."

"혹시 구스타프 형도 있어요?"

"어? 네가 그 친구를 어떻게 알아?"

형이 허탈함과 놀라움의 섞인 표정을 지으며 말했다.

"맞구나? 구스타프 형은 지난번 부르셴샤프트 초청 연주 때 만난 적이 있어요."

"그런 곳에 간 적도 있어? 어린 외국 학생에게는 좀 어색했을 자리인데⋯⋯."

"어색했죠. 하지만 토론을 보는 게 의외로 재미도 있었어요."

"내 사촌들 중에도 그 단체에서 활동하는 애가 있어서 분위기를 잘 알지."

"또 그들 전체가 외국인을 혐오하는 건 아니라는 사실도 알게 됐고요."

"민족주의 성향이 강해서 외국인에게 호의가 없는 건 분명하지만, 무조건 위험한 행동을 하는 부류라고 속단할 수는 없지."

형의 평가가 적절하다. 부르셴샤프트의 실상을 잘 파악하고 있는 것 같다.

"구스타프 형은 매너도 좋고 말도 논리적으로 잘하더라고요. 특히 헤렌클럽 회원들과는 조금 다른 생각을 갖고 있던데요."

"어떤 생각?"

"독일 민족주의를 추구하는 데 과거의 방식이 아니라 세계 속에서의 독일? 미래 속에서의 독일을 지향하더라고요."

"세계 속, 미래 속의 독일 민족주의라……."

"내가 막연하게 그 의도를 해석해 봤어요. 정확히는 모르겠고 그냥 그렇다는 느낌? 하하."

"무슨 말인지는 알겠다. 아무튼 구스타프가 보수 계열 정당에서도 젊은 리더급으로 인정받고 있다고 하더라."

"이번 토론 대회에서도 강력한 우승 후보라고 할 수 있어요?"

나는 화제를 돌리며 물었다.

"그럴 수도. 말도 잘하고 샤프하다는 평이 있으니."

"또 다른 참가자는요?"

"헬무트는 참가하는 게 맞고. 정당에서 추천된 젊은 친구들은 내가 말해 봤자 네가 알려나? 하하."

"하긴 그렇죠. 하하."

하얀 아치형의 건물이 보인다. 아카데미에 거의 도착했다. 나무로 된 커다란 문에는 대회를 알리는 문구가 적힌 정사각형 모양의 알림판이 걸려 있다. 한국 같으면 옆으로 긴 플래카드를 걸 테지만 독일에는 그런 게 없다.

"어이, 참가자가 우리 준비 모임에는 어인 일로 납시었나?"

사무실 앞 통로에 들어서면서 얀 형이 게리 형을 발견하고는 농담을 던진다.

"안녕! 그냥 신청서 제출하러 왔어. 공식적인 절차라고 하더군. 클라우스는 벌써 제출했나?"

게리 형은 머쓱한 표정으로 머리를 긁으며 말했다.

"게리 형, 준비 잘 하고 있어?"

내가 게리 형에게 물었다.

"준비랄 게 뭐 있나? 그냥 목소리만 가다듬는 정도? 하하."

"아카데미의 명예를 위해 반드시 우승해요!"

"아니지, 우리에게는 더 강력한 우승 후보 클라우스가 있잖아."

게리 형이 겸손하게 대답하자 옆에 있던 얀 형이 말한다.

"글쎄다. 클라우스는 녹색당 성향이라 아무래도 입장의 한계가 있어서……. 그런데 우리 클라우스 말이야, 설마 머리 손질은 하고 참가하겠지?"

클라우스 형이 노숙자라는 사실은 부정할 수 없다. 가출한 아이들을 대상으로 시에서 시행하고 있는 보호 프로그램을 이끌 정도로 아주 이성적인 노숙자이기는 하지만 행색은 그저 노숙자일 뿐이다. 솔직히 생중계되는 방송에는 어울리지 않는 옷차림이다.

얀 형이 농담 반, 진담 반으로 언급한 클라우스 형의 차림새는 아카데미 회원들이 클라우스 형한테 대놓고 이야기하기 힘든 주제였다. 어쩌면 얀 형의 직설적인 말이 문제 해결에 도움이 될 수도 있다.

"안 그래도 오늘 클라우스도 오기로 했어. 방송 출연 관련해서 어떻게 할지 그 녀석이 최종적으로 이야기해 준다나?"

사무실에서 나오면서 우리 이야기를 들은 토비아스 형이 대답하자 얀 형이 한마디 한다.

"클라우스는 평소 차림으로 출전한다! 내기할 사람?"

얀 형의 장난에 게리 형이 거든다.

"좋아, 나도 거기에 배팅! 클라우스에게는 평소의 옷이 삼손의 머리카락이라니까. 하하."

"옷을 바꿔 입는다에 한 표!"

토비아스 형은 다른 의견이다. 나도 여기에 한 표를 보탰다.

"방송에 나가는데 어느 정도는 단장하지 않을까?"

이렇게 쓸데없는, 아니 어쩌면 중요한 내기를 하고 있을 때 헝클어진 빨간 머리에 다 헤진 가방을 멘 클라우스 형이 들어온다. 한순간에 모두의 시선을 받은 클라우스 형이 놀라며 우리를 본다.

"너희들, 내 욕하고 있었지?"

"클라우스 형은 귀족이 아닌 게 분명하네. 마침 본인 이야기를 할 때 들어오니…… 히히."

내가 한국식 속담을 번안해서 농담을 던졌다. 예전에 형들에게 이 속담을 설명한 적이 있어서 다들 이해하고 있다. 아니나 다를까 모두들 크게 웃는다.

"무슨 이야기를 하고 있었는데?"

클라우스 형이 숨을 몰아쉬며 묻는다. 솔직히 그가 들어오면 특유의 냄새가 난다. 별 도리가 없지 않은가. 그래도 우리 중에 그 누구도 냄새난다고 내색하지 않는다. 클라우스 형의 질문에는 아무도 먼저 말을 꺼내지 않고 서로 얼굴만 번갈아 보고 있다.

"뭐야? 이 녀석들……."

클라우스 형이 미간을 좁히며 건조한 웃음을 날린다.

"우리가 내기를 했거든."

다행히 얀 형이 먼저 말문을 텄다.

"무슨 내기?"

"형이 토론 대회 당일에 머리를 손질하고 옷을 갈아입고 오느냐를 놓고 내기했어. 하하!"

"아!"

모두가 클라우스 형의 입에 주목했다. 그때 얀 형이 목소리를 높였다.

"참! 클라우스 형이 들어오는 바람에 뭘 놓고 내기할지를 정하지 않았네. 형, 잠시만 말하지 마! 하하."

"진 사람들이 카덴츠에서 스파게티 사 주기! 어때?"

"오케이."

"콜!"

모두가 좋다고 대답하자 얀 형이 클라우스 형에게 이제 말을 해도 된다는 눈짓을 보낸다.

"이놈들이 나를 놓고 내기를 해? '인간을 수단으로 대하지 말라.'는 칸트 선생님의 가르침을 벌써 잊었냐?"

"그런 건 아니고, 어쨌든 어서 대답해!"

얀 형이 애교 섞인 말로 졸랐다.

"흠……. 조금은 정돈할 거야."

"하하, 뭐야! 애매하잖아?"

토비아스 형이 웃었다.

"머리 정도는 묶거나 빗어야지. 나쁜 인상을 줘서는 안 되겠지? 텔레비전을 보는 사람도 적지 않을 테니……."

"그럼 평소대로 입지 않는다고 말한 사람이 이긴 건가?"

게리 형이 물었다.

"아니야, 나는 노숙자의 정체성을 숨기지 않을 거야. 나를 보고 다른 노숙자들이 어떤 방식으로든지 느끼는 바가 있을 거야. 사회적 이슈로 만들려는 게 아니야. 있는 그대로 드러내는 거지. 노숙자에게도 삶의 정체성이 있으니까……. 내가 먼저 이 정체성을 숨기면 노숙자들은 더욱 절망할지도 몰라."

"알겠어. 그렇다면 우리 내기의 승부가 정해지지 않았네?"

클라우스 형이 이야기를 너무 진지하게 이어 갈까 봐 두렵다. 클라우스 형 특유의 달변과 냉소가 본격적으로 시작되면 끝이 없을 정도이니 말이다. 눈치 빠른 얀 형이 이쯤에서 마무리한다.

"그래도 대회 끝나면 우리 다 같이 카덴츠에 가는 거다? 그날은 입상하는 사람이 사기로 하자. 분명히 우리 아카데미에서 수상자가 나올 거야."

"8강전부터 진행된다는데, 예상할 수 없는 결과가 나올 수도 있어."

토비아스 형이 이렇게 말하자 얀 형이 묻는다.

"16강전이 아니고? 이상하다. 내가 듣기로 출전자 수는 열여섯 명인데……."

"이번 대회부터는 논술 시험을 통해 여덟 명을 선발해서 8강부터 토론 대회를 진행한대. 새로운 심사 위원인 하노버대학 교수님이 독문학 전공이라 그런지 논술 예선 방식을 관철시켰다고 하더라고."

나는 게리 형과 클라우스 형의 얼굴을 슬쩍 보았다. 클라우스 형은 제법 태연해 보인다. 반면에 게리 형은 긴장한 표정이다. 아까 클라우스 형이 준비를 잘 하고 있는지 물었을 때 게리 형은 머뭇거렸다. 긴장하고 있는 게 틀림없다.

"다음 주 수요일이 토론 대회인데 일정이 촉박하지 않나?"

얀 형이 물었다.

"월요일 오전에 논술 시험을 본다니까 그리 촉박하지는 않아."

토비아스 형이 대답했다.

"넌 어떻게 그런 고급 정보를 미리 알았냐?"

얀 형이 장난스럽게 말하자 토비아스 형이 대답한다.

"오늘 아카데미에 조금 일찍 왔는데 사무국의 클라우디아가 말해 주더라고."

"네가 좋아하는 클라우디아?"

얀 형이 토비아스 형을 놀리듯 말하자 모두들 웃는다.

"형들은 글도 잘 쓰니까 논술 예선전은 문제없겠지?"

내가 말하자 게리 형과 클라우스 형은 슬쩍 미소를 짓는다.

"두 사람! 잘해 봐!"

얀 형의 말이 끝나기도 전에 두 사람은 신청 서류를 제출하러 사무실로 향했다. 남은 우리는 준비 모임에 참석하기 위해 2층 세미나실로 올라갔다. 두 시간 동안 회의를 해서 역할을 분담했다. 다행히 대회를 후원하는 기업에서 보조 인력을 제공한다고 해서 허드렛일은 대폭 면하게 되어 기뻤다.

게리 형과 클라우스 형은 8강전에 진출했다. 결과는 월요일 오후에 발표됐다. 토론 토너먼트에 오른 사람으로는 두 사람 말고도 내가 아는 사람으로 구스타프 형과 헬무트 형이 있다. 그리고 사민당 청년 한 명과 기민당 대학생 두 명, 자유당 대학생 한 명이 통과했다.

전체적으로 기민당의 강세가 눈에 띈다. 게리 형이 사민당 소속이니까 사민당은 총 두 명인 셈이고, 헬무트 형이 기민당 소속이니 사실상 기민당 소속의 출전자가 세 명이나 올라온 셈이다. 녹색당 소속인 클라우스 형과 자유당 한 사람 그리고 민족주의 계열 구스타프 형까지 토너먼트 출전자 구성은 신기하게도 현재 독일의 중앙 정부 구성과 유사하다.

수요일인 오늘은 토론 대회가 열리는 날이다. 대회는 이른 오후에 시작되지만 준비 팀은 오전부터 해야 할 일이 적지 않다. 8강전 4게임, 4강전 2게임, 그리고 결승전 1게임으로, 총 7게임을 저녁까지 소화해야 하기 때문이다. 한 게임에 걸리는 시간은 30분 정도이지만 휴식 시간과 준비 시간을 포함해 결승전까지 마치려면 저녁 식사 전에는 마무리하기 힘들 것 같다.

"진서우, 어서 오너라."

하비 선생님이 1층 강당에서 나를 맞이했다.

"예, 선생님. 일찍 오셨네요."

"행사 준비를 해야 하니까. 허허."

"하이, 진서!"

"안녕!"

얀 형과 토비아스 형이 내게 거의 동시에 인사했다. 행사장인 1층 강당의 무대와 방청석 좌석은 가지런히 정리되어 있다. 50석 정도 보이는 텔레비전 녹화 방청석에 앉은 사람들 대부분은 출전자 가족이나 지인인 것 같다.

"형들 안녕!"

"2층 세미나실로 올라가자. 거기서 대회 준비 회의를 한대."

토비아스 형의 말을 들으며 2층으로 따라 나섰다.

"모두들 반갑습니다."

하늘색 양복에 보라색 넥타이를 한 청년이 인사했다. 방송국에서 나온 진행 담당자로 보인다.

"책상 위에 오늘 일정표가 놓여 있습니다."

탁자 위에는 인쇄된 종이들이 놓여 있다. 미리 와 있던 가비 누나가 나에게 눈인사를 한다. 나도 자리를 잡고 일정표를 훑어본다.

"오후 2시부터 행사가 시작됩니다. 8강전은 3시부터 소회의실 네 곳에서 동시에 진행됩니다. 네 사람이 각 토론장에서 진행을 도와주시면 됩니다. 준결승전은 두 곳에서 두 사람씩 있으면 되고 마지막 결승전은 강당에서 진행됩니다. 다들 이해했죠?"

"심사 위원들도 8강전 네 곳, 준결승전은 두 곳으로 나누어서 들어가나요?"

얀 형의 질문에 방송국 관계자가 대답한다.

"예, 8강전에는 저희 방송국 임원 세 분과 후원사인 자동차 회사 임원 세 분 그리고 교수님 여섯 분이 심사 위원으로 참여해서 한 토론장에 심사 위원 세 명이 들어갑니다. 준결승전부터는 교수님 여섯 분만 심사를 보는데, 반으로 갈라져 두 곳에 들어가게 됩니다. 그리고 결승전에서는 이 여섯 분 모두가 심사를 하고요."

"대진표는 결정됐나요?"

이번에는 가비 누나가 물었다. 나 역시 궁금했던 부분이라 질문하려던 참이었다.

"1시에 출전자들이 제비뽑기를 한 결과로 대진표가 만들어집니다."

이제 대략 궁금증은 해결되어 일정표를 다시 한번 꼼꼼히 보려던 차에 방송국 관계자가 일정을 설명하기 시작했다. 그리 복잡하지는 않지만 제법 바쁜 일정이다.

13시: 대진 추첨

14시: 개회 선언(자동차 회사 빔머 상임이사)

14시 20분: 축사(시민정치아카데미 원장 하버마스 교수)

14시 40분: 대회 진행 안내(북독일 방송국 라인하르트 PD)

이동 시간

15시~15시 30분: 8강전

15시 30분~16시 30분: 휴식 및 준비

16시 30분~17시: 4강전

17시~18시: 휴식 및 준비

18시~18시 30분: 결승전

18시 30분~19시: 휴식 및 결과 집계

19시~19시 30분: 시상식 및 폐회식

내가 맡은 임무는 303호에서 열리는 8강전 행사와 301호에서 열리는

4강전 진행을 보조하는 일이다. 준결승전에서는 가비 누나와 한 조가 됐다. 관계자의 설명이 끝나자 우리는 3층으로 이동해서 8강전 장소를 정돈했다.

점심시간에는 아카데미 식구들과 함께 미리 준비한 샌드위치를 먹었다. 조금 쉬었다가 개회식이 열리는 강당으로 이동했다.

"고생이 많구나."

평소와 달리 클라우스 형이 게리 형과 함께 들어오면서 사람들에게 인사를 건넸다.

"일찍 왔네?"

토비아스 형이 그들에게 물었다.

"1시에 대진 추첨이 있잖아."

게리 형이 대답했다. 나는 클라우스 형의 옷차림을 살폈다. 예상했듯이 머리만 빗어 넘겨 묶었을 뿐이고 옷은 평소와 다르지 않다. 다시 한번 형의 모습을 바라본 다음 더 이상 클라우스 형의 옷에 관심을 가지지 않기로 했다. 다른 사람들도 마찬가지로 크게 관심을 보이지 않았다.

"안녕!"

헬무트 형이 나타났다. 뒤로는 구스타프 형과 옷을 꽤나 잘 차려입은 대학생 둘이 있었다. 기민당 계열 대학생 출전자임에 틀림없다.

나머지 출전자들도 연이어 도착했다. 사람들이 거의 다 모이자 하비 선생님이 등장했다. 선생님이 출전자들에게 간단히 환영의 말을 했다. 그리고 곧 제비뽑기가 시작됐다. 투명한 항아리에 구슬 여덟 개를 넣은 후 출전자들이 하나씩 뽑는 방식이다.

"유럽 챔피언스리그 조 추첨을 보는 듯하네."

축구 팬인 얀 형이 말했다.

"긴장도 되고 흥미롭네, 하하."

토비아스 형이 맞장구를 쳐 준다. 자유당 소속으로 보이는 출전자가 마지막 구슬을 뽑으면서 대진표가 완성됐다. 토너먼트 방식이라 대진표만 봐도 대회가 어떻게 흘러갈지 대략 예상할 수 있다.

"클라우스가 준결승전에서 헬무트랑 만나겠는데?"

대진표를 본 토비아스 형이 말했다. 준결승전에 오르기 전까지 게리 형과 클라우스 형은 만나지 않는다. 두 사람이 8강전과 4강전에서 이긴다면 말이다. 대진표를 유심히 보던 얀 형이 오른손으로 입을 살짝 가리며 작은 목소리로 토비아스 형에게 말한다. 장난기 아드레날린이 풍성하게 분비되는 목소리다.

"클라우스랑 헬무트가 만날 수도 있는 준결승전이랑 게리와 구스타프가 만날 수도 있는 준결승전이 하이라이트겠네……."

이때 추첨을 마친 게리 형이 조금 긴장된 표정으로 들어오자 가비 누나가 묻는다.

"대진표 어때?"

"어떻긴, 뭐……. 하하!"

게리 형의 어색한 대답에 가비 누나가 위로하는 말투로 대답한다.

"준결승전 이전에는 클라우스랑 만나지 않잖아. 기대할게."

가비 누나의 말에 게리 형은 어깨를 움츠리는 시늉을 한다.

"8강전에서도 버틸 수 있으려나 모르겠다."

"클라우스 형! 대진표 마음에 들어?"

이번에는 얀 형이 클라우스 형에게 장난을 건다.

"나 야(na ja)[37]!"

클라우스 형이 좋다 싫다 말하기 애매한지 익살스러운 표정으로 연극하듯 대답했다.

"자, 대회 진행과 관련해 공지 사항이 있습니다. 출전자들은 2층 사무실로 올라오시기 바랍니다."

아카데미의 사무를 보고 있는 디르크가 마이크를 잡고 말했다.

"우리 올라가 볼게!"

클라우스 형이 말을 하다 말고 2층으로 올라간다. 강당에는 이미 출전자 가족과 지인으로 보이는 사람들로 가득 찼다.

"출전자를 응원하러 오신 분들은 3층 소회의실에서 진행되는 8강전을 보실 수 있습니다. 클라우스-기민당 대표 I조는 301호, 헬무트-사민당 대표 II조는 302호, 게리-기민당 대표 III조는 303호, 마지막으로 구스타프-자유당 대표 IV조는 304호입니다. 진행을 돕는 분들은 3층 소회의실로 지금 이동해 미리 준비해 주시길 바랍니다."

디르크의 안내에 따라 다들 이동했다. 303호 진행을 맡은 나는 게리 형의 토론을 지켜볼 수 있다.

"수고해라!"

"나중에 봐요."

"다들 힘내자고!"

얀 형, 토비아스 형, 가비 누나를 포함해 대회를 진행하는 아카데미 식구들과 서로 건투를 빌었다.

"모두들 수고하길 바란다."

하비 선생님도 우리를 격려했다.

[37] '아니다.'는 뜻의 독일어 'nein'과 '그렇다.'는 뜻의 'ja'를 합쳐서 쓰는 말로, 긍정과 부정이 명확하지 않은 경우에 쓰는 표현이다.

7

미래의 정치가 토론 대회

나는 소회의실에 도착해 탁자와 자리를 둘러보고 가지런히 정리했다. 진행 요원 자리에는 시계와 토론 주제가 들어 있는 봉투가 놓여 있다. 8강전은 동시에 진행되기 때문에 모든 참가자가 같은 주제로 토론한다.

"대회 후원사 홍보팀 라스무스입니다."

이 방에서 8강전을 진행하는 자동차 회사 직원이 인사했다.

"예, 반갑습니다."

나 역시 반갑게 인사를 건넸다.

"제가 출전자와 심사 위원을 간단히 소개한 다음 토론을 시작하겠습니다. 진서 군은 봉투를 가지고 있다가 제가 요청할 때 열어 주면 됩니다. 또 토론을 시작할 때 타이머를 켜고 토론 종료 5분 전에 알림을 준 다음 종료 시각을 알려 주세요."

"알겠습니다."

시간을 알려 주는 단순한 역할이지만 토론회에서 임무를 맡겨

줘서 기분이 좋다. 1시 45분이 되자 심사 위원으로 보이는 사람들이 방으로 들어오고 그 뒤로 게리 형과 토론 상대인 기민당 소속 대학생이 보였다.

"먼저 심사 위원을 소개합니다."

나는 봉투를 열 준비를 하면서 시계의 타이머를 만지작거렸다. 열 명 남짓한 참관객이 자리를 잡았다. 독일 사람들답게 진지한 표정에 차분한 분위기였다. 라스무스가 한 사람씩 이름을 부를 때마다 심사 위원들이 일어나 인사를 했다.

"다음으로 출전자를 소개합니다. 게르하르트 슈마이헬입니다."

게리 형을 소개하자 박수가 흘러나왔다. 누가 형의 친구들인지 금방 알 수 있다. 라스무스는 이어서 게리 형의 상대자도 소개했다.

"규칙은 다들 아시니 소개를 생략하겠습니다. 그럼 토론 대회의 주제를 공개해 주시겠습니까?"

그가 나를 향해 봉투를 열어 보라고 했다. 나는 긴장한 채로 조심스레 봉투를 열었다.

"카드를 제게 주세요."

나는 어색한 표정으로 미소를 지으며 주제 카드를 넘겼다.

"주제를 발표하겠습니다. '이슬람교를 신봉하는 유럽인에게 히잡 같은 문화적 관습을 법적으로 규제하는 것에 관하여'입니다."

충분히 예상할 수 있는 주제라 그리 놀랍지 않았다. 다만 사민당 계열의 게리 형과 기독교 정당 소속 대학생의 논쟁 주제로서는 아주 흥미롭다. 다문화는 최근 난민 문제가 부각되면서 독일과 유럽에서 가장 큰 정치적인 주제이기도 하다. 학교 사회과 수업에서도 다룬 적이 있었다. 어른들은 이 문제를 어떻게 생각할지 궁금해졌다.

주제를 들은 게리 형은 고개를 좌우로 살짝 움직이면서 미소를 보인다. 기민당 소속 크리스도 옅게 웃는다. 이 대회는 난상 토론 형식이라 진행자가 적극적으로 끼어들지 않는다. 한국에서 자주 볼 수 있는 형식이 정해진 토론과는 아주 다른 모습이다.

언젠가 방학을 맞이해 한국에서 열리는 고등학생 토론 대회에 간 적이 있다. 대회 참가자 수도 엄청났지만 찬성과 반대를 임의로 정해서 논리를 펴는 방식이 억지스러웠다. 자신의 생각을 펼치는 게 아니라 찬성과 반대 각각의 입장에서 주장을 펴는 기술을 측정하는 것 같았다.

딩동.

내가 시작 시간을 알렸다. 진행자는 토론을 시작하라고 간단히 말한 다음 물러섰다. 주위를 여유롭게 둘러본 게리 형이 먼저 말문을 연다.

"저는 종교적인 치장이나 각종 예배 의식에 대해 법적으로 규제하는 것을 반대합니다. 유럽이 아무리 기독교를 배경으로 하고 있는 사회라고 해도 다른 종교를 법적으로 규제하는 일은 옳지 않습니다."

게리 형의 말이 끝나자 나를 포함한 모든 사람의 시선이 크리스의 입으로 옮겨 갔다.

"법은 그 사회의 문화와 풍습에서 나온 것입니다. 따라서 나라마다 사회마다 법이 다르고요. 종교는 문화와 관습의 영역에 속하는 가장 대표적인 것이고, 유럽은 오랜 기간 기독교에서 유래한 문화와 관습이 형성된 지역입니다. 그렇기 때문에 이 지역의 문화와 관습이 아닌 이슬람의 문화와 관습은 법적인 규제를 받아도 된다고 생각합니다."

게리 형이 8강전부터 만만치 않은 경쟁자를 만난 게 틀림없다.

"크리스의 의견을 충분히 이해합니다. 하지만 유럽은 종교적 갈등 때문에 많은 분열이 있었고 심지어 피까지 흘렸습니다. 이로 인해 터득한 유럽의 자랑스러운 미덕이 바로 종교적 관용입니다. 이는 오늘날에도 마찬가지로 통용될 수 있습니다. 더욱이 세계가 밀접하게 연결되는 오늘날, 이슬람에 대해서도 예외가 아닙니다."

게리 형은 다소 상기된 얼굴로 말했다. 크리스의 강력한 발언에 충격을 받은 것처럼 보인다. 문제는 게리 형이 크리스의 논점을 공격할 때 종교와 문화, 관습 사이의 관계와 법의 의미에 대해 말했어야 한다는 점이다.

하비 선생님은 의사소통 기술 강좌에서 '상대방이 내세우는 주장의 약점을 집요하게 파고들어야 한다.'고 말했다. 하지만 게리 형은 자신의 주장을 발표하는 데만 몰두하고 있는 것 같다. 사실 자신의 생각을 정리하는 일과 상대방의 생각을 분석하는 일을 동시에 하는 건 무척 어렵다. 그만큼 토론은 어려운 기술을 필요로 한다.

"게리가 말하는 종교적 관용 자체도 바로 유럽의 전통적인 문화이자 관습입니다. 우리가 겪은 종교적 갈등은 우리 내부에서 등장한 종교들 사이의 불화였기 때문에 관용이라는 해결책으로 가능했다고 봅니다. 하지만 이슬람은 유럽에서 등장한 종교도 아니고, 따라서 해결 가능한 문화적·관습적 요소가 아니라 한마디로…… 외래종이라는 말이죠. 또한 이 문제에 관용이라는 원리를 적용하자는 주장은 맥락을 벗어났다고 봅니다."

게리 형은 논지를 잘못 끌고 가고 있다. 분명한 위기 상황이다. 어떤 식으로든지 분위기 전환이 필요하다. 내가 해결책을 깊이 생각해 보기도 전에 토론은 빠르게 진행된다.

"관용이라는 원리가 유럽에서 등장한 독특한 미덕이라는 크리스의 주장에는 공감합니다. 하지만 크리스가 전제하고 있는 유럽은 여전히 중세와 근대에 머물러 있는 모양입니다. 지금은 완전히 다른 시대입니다. 우리는 하나가 된 유럽을 넘어 지구촌이라는 확장된 세상에 살고 있습니다. 관용은 이렇게 확장된 시대에 다시 적용해야 하는 미덕입니다."

발언을 끝낸 게리 형은 만족스러운 표정을 숨기지 않는다. 어느 정도 만회가 된 것 같다.

"게리는 관용이라는 미덕을 다른 문화와 관습에도 적용할 수 있는 보편적인 기준이라고 생각합니까?"

크리스는 상대방에게 질문하는 세련된 공격술을 보여 주고 있다.

"예."

게리 형은 짧게 대답만 하고 더 이상 주장하지 않는다. 크리스가 이 흐름을 그대로 낚아챈다.

"저는 다른 입장입니다. 관용은 유럽 사회가 스스로 만들어 낸 미덕입니다. 따라서 이 관용을 유럽이 아닌 지역에서 만들어진 문화와 종교, 관습에 적용하자는 주장은 유럽이 자신들의 기준이 곧 보편적인 기준이라고 생각하는 우월감에서 나오는 생각이라고 봅니다."

이제 게리 형에게 공이 넘어갔다. 결정적인 논점이다.

"크리스는 관용의 미덕을 한 사회의 특수한 개념으로 보고 있는데, 유럽의 관용은 보편적인 기준이 되기에 충분합니다. 하지만 토론의 핵심은 '관용이 법적인 규제에 종속되어야 하는가'입니다."

게리 형은 토론의 논점을 이동하려는 전략을 취했다. 순간 나의 임무를 자각했다. 시계를 보니 벌써 절반의 시간이 흘렀다.

후반부는 더욱 빨리 지나갔다. 종교와 세속적인 법의 관계를 두고 종교의 독자적인 특성을 세속법이 관여할 수 없다는 게리 형의 주장과 종교도 세속법에 적용해야 한다는 크리스의 주장이 대립했다.

이슬람 문화에 대한 일반적인 원리이자 덕목이기도 한 문화적 상대주의도 거론됐는데, 이를 두 사람이 전혀 다르게 이해하고 있어서 당황했다. 나는 문화적 상대주의를 절대적인 원칙으로 알고 있었기 때문이다. 두 사람의 이야기를 듣고 보니 입장에 따라서 다르게 볼 수도 있겠다는 생각이 들었다.

토론의 마지막은 역시 테러와 이슬람의 관계가 언급되었다. 이 지점에서 두 사람이 가장 격렬하게 논쟁했다. 최근에 난민 자격으로 유럽에 체류하던 사람이 사실 이슬람 극단주의 테러리스트였으며, 이들이 참혹한 범죄를 저지르는 사건이 이어졌다. 나도 이 문제를 두고 학교 친구들과 의견을 나누다가 상당히 격앙되어 다툰 적이 있다. 그들이 진짜 난민과 가짜 난민을 구분하기란 사실상 불가능하다고 주장했을 때는 나 역시 반론을 제기할 수 없었다.

게리 형과 크리스의 토론이 끝을 향해 가면서 논리적 비약이 나타났다. 심사 위원들도 이를 눈치챈 것 같았다. 서너 개의 소주제를 중심으로 논의는 계속됐다. 나는 곧 종료 시간이 다 되었음을 알렸다. 마지막 발언은 게리 형의 미완성 발언이었다. 하지만 규칙대로 말을 끝마치지 못한 채 토론은 마무리됐다.

"토론이 끝났습니다. 두 사람에게 박수를 부탁드립니다."

곧바로 심사 결과가 나왔다. 심사 위원 세 명의 다수결로 승자를 정한다. 결과지를 받아 든 진행자의 얼굴에 떠오른 미묘한 미소에 왠지 불안한 마음이 든다.

"심사 결과는 2대 1로 갈렸습니다. 4강으로 올라갈 출전자는 크리스입니다!"

불안이 현실이 되고 말았다. 게리 형은 토론 초반을 잘못 이끌고 갔다. 처음부터 주도권을 내주었다. 나는 아쉬운 표정을 힘겹게 참으며 게리 형의 오른팔을 툭툭 쳤다. 게리 형이 특유의 털털한 웃음과 말로 대답한다.

"할 수 없지, 뭐……."

참석자들이 모두 빠져나가고 나는 자리를 정돈한 다음 라스무스에게서 채점표를 건네받아 1층 대회 본부로 내려갔다.

"게리, 긴장했었나 보네. 다음 기회도 있으니 힘을 내!"

사무실 앞에서는 이미 8강전을 끝내고 나온 가비 누나와 토비아스 형이 게리 형을 위로하고 있었다. 나는 클라우스 형이 궁금했다. 게리 형이 잠시 자리를 비웠을 때 가비 누나에게 클라우스 형의 토론 결과를 물었다.

"나도 아직 몰라. 그쪽은 얀이 진행 보조인데, 아직 안 내려왔네."

그때 얀 형이 웃으며 2층에서 내려왔다. 만족스러운 표정을 보니 결과가 좋은가 보다.

"클라우스, 축하한다!"

클라우스 형은 기민당 소속 대학생을 3대 0으로 가볍게 눌렀다고 한다. 평소에는 잘 하지 않는 묶은 머리가 눈에 띈다. 장발인 빨간 머리를 하나로 모아 묶어 놓으니 그나마 단정해 보인다. 클라우스 형의 진지한 마음이 느껴진다.

사무실에 놓인 대진표 게시판이 새로 작성됐다. 4강 대진은 클라우스-헬무트, 크리스-구스타프다. 기민당과 보수 계열 출전자들이 압도적이다. 헬무트 형은 침착한 발표가 강점으로 작용했을 테고, 구스타프 형은 특유의 해박한 지식이 승기를 잡는 데 결정적이었을 것이다.

4강전과 결승전에서는 토론 주제가 승패를 결정하지 않을까 하는 예상 평이 조심스럽게 들려온다. 마침 사무국장 선생님이 큰 소리로 알린다.

"곧 4강전이 시작합니다. 진행 보조를 맡은 분들은 3층으로 올라가 준비하세요."

나와 가비 누나는 클라우스-헬무트의 토론 진행을 보조하게 됐다. 토비아스 형과 얀 형은 크리스-구스타프 조의 방에 들어간다. 클라우스 형의 토론을 보지 못하게 된 얀 형과 토비아스 형이 투덜거리면서 발걸음을 옮긴다.

"4강전 토론 주제가 무척 궁금해."

키가 큰 가비 누나가 수고스럽게 고개를 숙인 채 내 귀에 속삭였다.

"저도요. 클라우스 형에게 유리한 주제가 어떤 종류라고 봐요?"

내가 웃으며 묻자 가비 누나는 그저 어깨만 들썩거린다.

방에 도착하자 8강전보다 더 많은 사람이 자리에 앉아 있었다. 그중에는 하비 선생님도 있었다. 클라우스 형을 응원하러 온 것 같다. 방청객 중에는 클라우스 형의 친구들도 보인다. 옷차림으로 단박에 알아볼 수 있다.

"반갑습니다. 저는 준결승전 진행을 맡은 홍보팀 마르쿠스입니다. 준결승전에 진출한 클라우스 폰 슈테펜베르크와 헬무트 콜하임을 소개합니다."

사람들이 우렁찬 박수를 보냈다. 나는 토론 주제가 들어 있는 봉투를 열 준비를 하고 있다.

"이제 토론 주제를 공개합니다."

사회자 마르쿠스의 말에 나는 봉투를 열고 주제를 힐끗 본 다음 마르쿠스에게 건넸다.

'그래도 먼저 주제를 보는 특권은 있네.'

"이번 주제는 '자본주의 사회에서 기업의 윤리란 존재하는가?' 입니다. 아주 흥미로운 주제군요."

토론 주제는 클라우스 형에게 유리해 보였다. 환경 문제와 관련해 소송까지 간 형의 경력이 이 주제와 연관될 수도 있다. 반면 헬무트 형의 입장과는 극명하게 구분되는 주제다.

"토론 시작 5분 전입니다. 두 사람은 잠시 생각을 정리하시기를 바랍니다. 진행 요원은 시작 시간을 알려 주세요."

나는 시간을 확인한 다음 이내 시작을 알렸다. 토론의 포문을 연 사람은 헬무트 형이다.

"기업은 목적인 이윤을 추구하면서 사회적 윤리를 실천하기도 합니다. 윤리는 인간이 존재하는 모든 곳에서 지켜야 하는 기준이기 때문입니다."

클라우스 형은 그다지 뜸을 들이지 않고 입을 연다.

"헬무트의 주장은 기업이 존재하는 이유를 모호하게 만듭니다. 기업은 이윤 창출이라는 목적 아래 만들어진, 자본주의 사회의 대표적인 조직입니다."

"오늘날 기업은 수익을 사회로 환원하는 활동도 열심히 합니다. 초기 자본주의 시대의 기업과는 다르다는 말이죠. 봉사와 기여만을 목적으로 운영되는 사회적 기업도 있지 않습니까? 기업과 윤리는 아주 먼 관계에 있지 않습니다."

"자본주의가 자신의 모습을 끊임없이 바꿔 왔다는 점은 인정합니다. 하지만 그것은 겉모습일 뿐이고 이윤 창출이라는 유일한 목적은 포기하지 않았습니다. 헬무트가 예로 든 사회적 기업은 잘못된 예시입니다. 설립 목적이 일반 기업과는 다르니까요. 그런 개념으로 기업의 본질을 감출 수는 없습니다."

클라우스 형 특유의 저돌적인 공격 방식이다. 형의 말처럼 사회적 기업은 잘못 든 예다. 최근에 몇몇 대기업이 나름대로 사회적 가치를 표방하면서 사회적 기업을 별도로 운영하고 있지만 말이다. 헬무트 형은 잠시 눈을 깜박거리더니 이내 자신의 주장을 편다.

"음……. 사회적 기업을 예로 든 이유는 기업이 이윤 창출뿐만 아니라 사회 통합이나 소비자와의 협업과 같이 새로운 패러다임을 제시하기도 한다는 점을 알리기 위함이었습니다. 다른 예를 든다면, 오늘날 기업은 노동자의 복지에 신경 쓰고 신입 사원을 선발할 때도 인성이나 태도를 중시하고 있습니다."

"기업이 사원의 가족생활이나 개인의 능력 개발을 중시하는 이유가 뭘까요? 결국 생산성을 향상해 이윤을 극대화하기 위한 전략입니다. 이 점을 잊어서는 안 됩니다."

"클라우스의 입장은 기업의 모든 노력이 오로지 이윤 창출이라는 목적에 속한다고 생각하는 지나치게 단순한 환원론입니다."

"환원론이라고요? 저의 입장은 단순한 인과 관계에 기초해 있는 것이 아니라 본질과 현상이라는 접근 차이를 보여 주는 것입니다."

"재차 말하지만 클라우스의 환원론은 경제적 인과론입니다."

"헬무트, 솔직히 말해 봅시다. 자본주의 사회에서 기업이 하는 모든 활동은 변화된 사회적 환경에 적응하기 위해서 스스로 온갖 변신을 한 결과입니다. 근본적으로 기업은 자신들의 존재 이유를 바꾸지 않았습니다. 예를 들어 봅시다. 기업의 생산 활동에서 환경 오염 문제가 대두하고 있고 기업은 그 문제에 민감하게 대응합니다. 여기서 환경 문제에 대한 기업의 관심은 국가나 사회 그리고 소비자들의 감시 같은 노력으로 등장한 것이지, 스스로 환경 오염을 줄이겠다는 윤리적 자각에서 나온 것이 결코 아니라는 말입니다. 환경 오염을 예방하기 위한 기업의 노력은 사실상 비용이 증대되는 것이기 때문에 기업 입장에서는 이윤을 감소시키는 부담스러운 과제임에 틀림없습니다."

논쟁은 정점으로 치닫고 있다. 이 주제에 관해서는 음료 회사와의 긴 싸움에서 터득한 생생한 경험이 있는 클라우스 형이 확실히 주도권을 잡고 있다.

"오늘날 기업이 환경 문제에 동참하는 것이 기업 바깥에서의 압력과 감시의 결과라는 점은 인정합니다. 그럼에도 문제를 해결하려는 기업 나름대로의 실천을 윤리적이라고 이해하는 것은 결코 틀린 생각이 아닙니다."

"헬무트! 기업에 대해 너무도 순진하게 접근하고 있군요."

"순진하다고요? 지나친 인신공격형 발언 아닙니까?"

"이 부분에서 헬무트의 입장을 받아들입니다. 클라우스는 표현을 주의하세요."

헬무트 형의 이의 제기에 사회자인 마르쿠스가 개입했다. 토론 초반에서 지적을 받는 게 차라리 낫다. 투사로 살아가는 클라우스 형이 지나치게 흥분하면서 상대방을 공격하면 감점을 받을 게 분명하다.

"죄송합니다."

다행히 클라우스 형은 곧바로 사과한 후 이야기를 이어 간다.

"저도 기업들이 가끔씩 보여 주는 환경 친화적인 모습과 노동자의 삶을 개선하려는 노력을 긍정적으로 평가합니다. 하지만 이렇게 사회 윤리적인 가치를 지향한다고 해서 기업의 활동 자체를 윤리 자체로 포장할 수는 없습니다. 기업의 논리는 자연 질서와 마찬가지로 규범적 가치가 완전히 배제된 영역입니다."

클라우스 형의 입장은 명확해 보였다.

"클라우스는 기업과 윤리를 완전히 다른 차원으로 분리하고 있습니다. 하지만 기업도 인간들이 모여서 활동하는 조직입니다. 윤리와 완전히 분리되어 존재하는 곳이 아니라는 말입니다."

두 사람은 계속해서 평행선을 달리고 있다. 시간을 보니 끝나기 5분 전이다. 나는 종료를 예고했다. 마지막 5분 동안에도 두 사람의 팽팽한 입장은 몇몇 논점에서 반복됐다.

"두 사람의 대결을 끝내겠습니다. 모두들 박수를 보내 주십시오. 잠시 후 승자를 발표하겠습니다."

8강전과 달리 이번 준결승전은 서로의 약점을 치밀하게 파고드는 방식이 아니라 누가 자신의 입장을 일관적이고 선명한 논리로 표현하는가에 따라 승부가 판정될 것으로 보인다. 적어도 내가 보기에 한 사람의 일방적인 게임은 아니었다. 시간이 흐르고 사회자가 단상에 올랐다.

"심사 위원 세 분의 결과는 2대 1입니다. 결승에 진출하는 사람은……?"

제법 긴장감이 돈다. 하비 선생님도 사뭇 진지한 표정으로 사회자를 바라보고 있다. 사회자는 방청석을 바라보며 뜸을 들인 후에야 발표를 했다.

"승리자는 클라우스입니다!"

클라우스 형이 머리를 만지면서 미소를 짓는다. 방청석에서는 박수가 쏟아졌다. 형의 친구들은 기쁜 마음을 숨기지 않았다. 박수 소리가 가장 컸다. 하비 선생님도 클라우스 형에게 다가가 포옹을 해 주었다. 나 역시 클라우스 형에게 축하해 주고 싶어서 기회를 보며 기다렸다.

"형, 축하해요!"

"고맙다."

"클라우스, 축하한다."

가비 누나도 형에게 축하를 건넸다.

"저쪽은 누가 승리했을까?"

1층에 도착하자 가비 누나가 말했다. 마침 얀 형이 궁금증을 풀어 준다.

"구스타프, 결승 진출! 거기는 클라우스지?"

"네!"

내가 대답했다.

"구스타프가 거의 일방적으로 토론을 이끌었어."

얀 형의 관전평이다. 이에 토비아스 형이 반박한다.

"그렇지는 않았지. 크리스도 제법 하던데?"

"크리스는 너무 지나치게 기업 관점에서 설명했어. 자기가 마치 기업체를 운영하는 사람처럼 말이야."

얀 형이 퉁명스럽게 말하자 가비 누나가 덧붙인다.

"자유당 애들이 원래 그런 입장이잖아. 자유로운 기업 활동을 무슨 하늘이 내린 권리인 줄 안다니까."

"구스타프 형은 조금 다른 입장이던데. 기업의 사회적 책무를 중요하게 여기는 사람 같았어."

내가 구스타프 형에 대해 아는 체를 하자 가비 누나가 더 자세하게 설명한다.

"기민당이 자유 시장 경제 원칙을 폐기하고 사회적 자본주의(social capitalism)[38]를 정강으로 채택한 걸 보면 사실상 독일 보수 정당이 그 선구자라고 할 만하지."

확실히 준결승전 주제는 시장 경제에 대한 정치 성향 차이를 선명하게 구분해 주었다. 역시나 하비 선생님의 주제 선정은 절묘하다. 결승전까지는 아직 시간이 남았다. 클라우스 형은 출전자 대기실로 가서 휴식을 취하며 준비된 다과를 먹고 있다. 우리도 속이 출출한 것 같아 사무실에서 간식을 먹기로 했다.

"결승전 토론 주제가 정말 궁금하네요. 주제가 승패에 영향을 주는 것 같아요."

나의 말이 채 끝나기도 전에 가비 누나가 이야기를 시작했다.

"동감! 준결승전의 경우에 클라우스에게 다소 유리한 주제였어. 후반부에 직접 활동했던 환경 문제를 언급할 때 승기를 잡았다고 확신했고."

"아무래도 그렇죠?"

내가 맞장구를 쳤다. 그러자 얀 형이 농담을 던진다.

"하하, 결승전에서도 클라우스에게 유리한 주제가 나올까?"

"주제는 누구에게나 다 어렵지. 클라우스가 결승전에 오를 거라고 누가 상상이나 했을까."

토비아스 형이 말했다. 이에 가비 누나가 차분한 목소리로 의문을 표했다.

"왜? 나는 클라우스를 강력한 우승 후보로 예상했는데. 게리가 너무 일찍 탈락한 건 의외지만."

6시가 다 되자 우리는 강당으로 이동했다. 결승전에서는 다행히 우리 네 사람 모두가 진행을 돕기 때문에 한결 부담이 적다. 결승전 주제가 들어 있는 봉투는 토비아스 형이 챙겼다.

강당에 도착하니 방청객이 그리 많지 않았다. 결승 진출자들만 응원하는 사람들이 주로 참석해서 그런가 보다. 결승전 진행자인 마르쿠스는 심사 위원 여섯 명의 점수 가운데 최고점과 최저점을 제외한 나머지 점수의 합으로 승부를 판정한다는 규칙을 안내했다. 클라우스 형과 구스타프 형은 이미 출전자 대기석에 앉아 있다. 서로 아는 사이라 웃으면서 속삭이고 있는 모습이 좋아 보인다.

"이제 토론 대회 결승전을 시작하겠습니다."

토비아스 형이 봉투를 만지작거리고 가비 누나는 시계를 점검한다. 나와 얀 형은 진행 보조 자리에 서서 대기하고 있다.

"먼저 심사 위원을 소개하겠습니다."

결승전 심사 위원들은 우리 도시에서 괴팅겐대학교를 제외한 대학교의 교수님들이다. 대개 독문학과 정치학 전공이다. 우리 아카데미가 대회의 주관 기관이기 때문에 심사 위원이 될 수 없는 하비 선생님은 방청석에 앉아 있다. 심사 위원 소개와 출전자 소개가 끝나고 주제를 발표할 시간이다. 가장 흥미로운 순간이다.

"주제가 든 봉투를 열어 주세요."

토비아스 형이 봉투를 열어 종이를 건넨다.

"결승전 토론 주제는 '법이 우리의 일상생활에까지 끼어드는 현상은 불가피한가?'입니다."

8강전과 4강전의 주제가 찬반이 분명한 주제였다면, 결승전 주제는 찬반보다는 누가 문제를 더 정밀하게 해석할 수 있는지를 묻고 있다.

법학을 전공하는 구스타프 형에게 다소 유리하다. 클라우스 형은 전문가라기보다는 전형적인 보편 교양인으로서 박학다식 스타일이라 법 전문 지식으로 세밀하게 들어가면 약점을 보일 수도 있다.

"가비! 시간을 확인해 주십시오."

가비 누나가 시작을 알린다. 모든 사람이 누가 먼저 발언을 할지 관심을 두고 지켜보고 있는 것 같다. 먼저 입을 연 사람은 구스타프 형이다.

"법은 사회 질서를 유지하는 본질적 기능을 갖고 있습니다. 때문에 사회가 복잡해지는 오늘날, 법이 일상생활에 침투하는 현상은 자연스러운 사회적 진화 과정입니다. 이는 피할 수 없는 현상이라고 봅니다."

"구스타프는 법학도답게 법의 존립 이유를 질서 유지에 두고 있습니다. 법이 우리 일상에 침투하는 것은 피할 수 없는 과정이라는 점에는 동의합니다만 그에 대한 해석이 중요하다고 봅니다."

클라우스 형의 초반 전술은 제법 거시적이라는 느낌을 받았다. 특히 법의 좁은 영역에 빠지지 않으려는 절묘한 작전으로 보였다.

"저도 이 문제에 대한 해석의 중요성을 알고 있습니다."

이때 사회자 마르쿠스가 개입한다.

"구스타프는 아직 발언이 끝나지 않은 클라우스의 말을 들을 필요가 있습니다."

"아, 예……."

사회자의 지적을 받자 구스타프 형이 조금 긴장하는 것이 보였다.

"감사합니다. 답변을 계속하겠습니다. 법이 우리 일상에 파고드는 현상은 근대사회의 부정적인 측면이기 때문에 해결 방안을 찾아야 합니다."

"무슨 뜻이죠?"

구스타프 형이 질문했다.

"우리 근대는 마술적 세계관에서 벗어나는 과정을 밟았습니다.

그 과정에서 과학, 사회, 국가 등의 분야에서 합리적인 제도를 마련할 수 있었습니다. 그렇지만 친숙한 영역인 가족, 연인, 친구, 사제 관계 같은 곳에까지 법이 침투하는 예상하지 못한 상황을 맞이했습니다."[39]

클라우스 형은 양보하지 않는다. 이제 구스타프 형도 지지 않으려고 한다.

"저는 클라우스의 주장처럼 그 과정을 상실과 같이 부정적인 과정으로 보지 않습니다. 분화되고 복잡해진 근대 사회에서는 질서의 문제가 중요한 과제였습니다. 예를 들어 프랑스 사회학자인 뒤르켐은 이런 과정에서 초래된 질서의 붕괴를 아노미라고 불렀는데, 무질서의 근본적인 원인이 바로 사회적 유대 관계의 파괴였습니다. 여기서 법은 절대적인 수단이었죠."

"구스타프는 논점을 잘못 파악하고 있습니다. 뒤르켐은 근대사회의 개인주의 경향을 어떻게 극복할지를 두고 그 해결책으로 유기적 유대[40]를 제시했습니다."

클라우스 형의 지적에 구스타프 형이 즉각 반격한다.

"저는 법질서 확립의 근본적인 목적은 사회적 안정이고 근대사회에서 개인주의는 가장 위협적인 현상이었기 때문에, 이를 극복할 수 있는 방안은 오로지 법이라고 강조한 것입니다."

"구스타프는 근대로의 이행 과정이 발전뿐만 아니라 손실이나 상실감도 초래하는 이중적인 과정임을 깨닫지 못하고 있습니다. 예를 들어 보겠습니다. 과거에 선생님과 제자의 관계는 부모와 자식 관계와 거의 같다고 생각했습니다. 그만큼 제자에 대한 선생님의 책임은 무한에 가까웠죠. 하지만 이제 상황은 달라졌습니다. 학교에서 발생하는 다양한 문제들……, 예를 들어 사고가 발생하면 법적인 책임이 중요해졌습니다. 선생님은 역할의 책임이 아니라 법의 차원 안에서만 책임을 집니다. 이 때문에 학교에서는 눈싸움까지 금지하면서, 사건이 일어날 여지를 아예 없애려 합니다. 법이 일상에 지나치게 개입함으로써 인간관계가 멀어지고 경직된 것입니다. 이것이 바로 근대가 낳은 부작용입니다."

클라우스 형의 길고 구체적인 발언에 구스타프 형은 다소 소극적으로 대응한다.

"그렇다면 클라우스는 이 문제를 어떻게 극복할 수 있다고 보는 겁니까?"

"근대의 과정을 단순히 진화 과정으로 보면 인간관계는 더욱 삭막해집니다. 우리는 새로운 사회적 유대 방식으로서 공동체를 모색할 필요가 있습니다."

"법을 잘 준수하면 자연히 공동체가 구축되지 않을까요? 거리의 아이들같은 사회 문제의 원인을 미리 없애 버리면 되지 않나요?"

구스타프 형의 날카로운 목소리에 순간 분위기가 험악해졌다.

하지만 문제는 목소리가 아니다.

"거리의 아이들이라고 했습니까?! 사회 문제라고요? 구스타프는 인간을 부류로 나누고 제거 대상으로 보고 있나요?"

클라우스 형이 상당히 흥분했다. 방청석에서도 웅성거림이 지속되자 사회자가 나섰다.

"구스타프의 발언은 다소 적절하지 않았습니다. 표현에 주의해 주세요. 두 사람은 다시 주제에 집중해 주시기 바랍니다."

"사회 질서를 유지하려면 어느 정도의 격리나 처벌이 필요하다는 뜻이었습니다. 오해가 없었으면 합니다."

구스타프 형이 분위기를 무마하려는 발언을 했지만 클라우스 형은 참지 않았다.

"어느 사회에나 소외되는 사람이 존재하기 마련입니다. 우리는 이런 문제의 원인이 개인이 아니라 사회에 있다는 점을 잊어서는 안 됩니다. 마치 몸에서 암을 도려내듯이 특정 대상을 제거한다는 발상은 위험하고 무책임한 태도입니다."

클라우스 형의 자신감에 찬 주장에 구스타프 형은 냉소적인 말투로 대응한다.

"상당히 낭만적이군요. 우리는 사회를 운영하는 데 불가피한 측면을 항상 생각해야 합니다. 클라우스의 주장이야말로 악이 광범위하게 퍼지도록 방치하는 무책임한 주장입니다."

"사회를 운영하기 위해서 사회의 악을 관리하는 일은 중요합니다. 하지만 우리가 이전에 악으로 규정했던 것이 나중에 사회가 만들어 낸 것으로 다시 정의되는 경우가 있습니다. 또 악이라고 하는 것을 제거해 버린 다음 섣부른 실수임을 깨닫는 경우도 있습니다. 뒤르켐도 자살의 원인이 개인의 일탈이 아니라 사회 구조적인 문제에 있음을 지적하지 않았습니까?"

토론의 승패는 어느 정도 드러났다. 법적인 접근만을 고집하는 구스타프 형은 주제를 둘러싼 복잡한 문제를 너무도 단순하게 파악하고 있다. 이 주제가 문제의 복잡성을 어떻게 다루는지와 관련이 있기 때문에 클라우스 형의 관점이 더 낫다고 판단할 수 있다.

마지막 5분 동안 두 사람의 토론은 샛길로 빠졌다. 감정 싸움이 벌어졌기 때문인지 논점에 집중하기 힘들어 보였다. 사실 희한하게도 토론이 계속되면 반드시 불필요한 감정 대립이 등장한다. 그래서 특정한 문제를 해결하기 위한 토론에서는 시간을 설정하는 일이 필요하다.

땡땡.

토론이 종료됐다. 진행 요원들은 숨을 길게 내쉬며 안도했다. 다들 표정은 밝아 보인다.

"결승전 결과가 나왔습니다. 최고 점수와 최저 점수를 뺀 심사위원 네 분의 점수를 합한 결과는 38점 대 34점입니다."

예상보다 근소한 점수 차이라 놀랐다.

"토론 대회 최종 우승자는…… 클라우스입니다!"

나를 포함해 사람들은 클라우스 형의 이름이 전부 불리기도 전에 박수를 치며 환호성을 보냈다. 노숙자가 토론 대회에서 우승했다. 믿을 수 없을 정도로 기뻤다. 방송 카메라는 유난히 클라우스 형의 얼굴뿐만 아니라 전신을 찍기에 바빴다.

"이제 시상식이 진행됩니다. 잠시 기다려 주십시오."

우리는 모두 클라우스 형을 껴안았다. 가비 누나의 눈가에는 눈물이 맺혔다. 하비 선생님도 클라우스 형의 손을 잡으며 축하했다. 시상식에서는 4강에 출전한 사람들도 상패를 받았다. 토론 대회를 이끈 하비 선생님의 말씀도 이어졌다.

"토론은 민주주의 사회를 유지하는 데 꼭 필요한 요소입니다. 폭력을 멀리하고 토론을 통해 합의를 도출하고, 약속한 절차를 중시하는 게 민주주의를 평화롭게 구현하고 발전시키는 방법입니다. …… 그래서 토론은 민주 시민에게 요구되는 핵심적인 능력입니다. 오늘 출전한 모든 젊은이는 장차 유능한 정치가가 될 수 있는 인재들입니다. 앞으로 모두에게 행운이 있기를 바랍니다."

시상식이 끝나고 우리 아카데미 식구들은 축하 파티를 열었다. 당연히 게리 형도 참석했다. 하비 선생님도 늦게까지 자리를 지켰다. 선생님과 나는 음료수만 잔뜩 들이키면서 대화를 나눴다.

"오늘 토론 대회를 가까이서 본 느낌이 어떠냐?"

"토론에 빠져들어서 진행 일을 잠시 깜박한 적이 많았을 정도로 재밌었어요. 헤헤."

"그 정도로 집중했구나! 하하."

"지금까지 토론이 일종의 싸움이나 전쟁 같다고 생각했었거든요?"

"지금은 생각이 달라졌다는 말이냐?"

하비 선생님이 커다란 눈동자를 굴리며 흥미롭다는 듯 나의 대답을 기다린다.

"토론 과정은 상대방의 생각과 말을 공격하는 치열한 과정이지만, 한편으로는 상대방의 의견을 진지하게 들어야만 한다는 걸 깨달았어요. 또 제 생각이 틀릴 수도 있다는 걸 늘 염두에 두어야 한다는 것도요."

"칼 포퍼 선생이 하신 말이 있잖아, 오류가능주의. 누구나 오류를 범할 수 있지."

"특히 게리 형의 토론에서는 형의 생각에 맞춰 똑같이 토론에 빠져들었어요. 그런데 상대방이 공격하는 어떤 부분에서는 제 생각을 수정할 수밖에 없다는 생각이 들었어요."

"그게 바로 담론의 질서란다."

"선생님이 주장하는 의사소통이론의 핵심이죠?"

"담론의 질서는 개개인들의 주관적인 생각, 주장, 요구, 소원, 고집 등이 모인 제3의 질서지. 우리 개인들은 그런 질서에 기여하기도 하지만 우리가 그 담론 자체의 변화와 발전을 따라야 하기도 한단다."

"우리가 말하는 토론에서의 합의라는 것도 어느 한편의 주장이 일방적으로 관철된 게 아니라는 말씀이시죠?"

"그래, 합의는 서로 대립하는 입장을 뚜렷하게 구분하는 동시에 대립하는 문제를 명쾌하게 이해하는 일을 전제로 한단다. 우리가 많은 문제에서 갈등하는 게 서로의 이기심과 고집 때문인 것 같지만, 실은 대립하는 문제를 각자의 입장에서 다르게 이해하거나 잘못 이해하기 때문이지."

"잘못 이해한다고요?"

"네가 아까 이야기했잖니? 토론 과정에서 자신의 생각을 수정하기도 한다고 말이야. 자신의 생각을 수정하는 과정이 바로 문제를 제대로 이해하는 과정이지."

선생님의 자세한 설명에 많은 의문이 풀렸다.

"진서우는 나중에 어떤 사람이 되고 싶니?"

하비 선생님이 나에게 진로에 관해 물으신 적은 없었다. 이런 자리와 이런 분위기라서 나올 수 있는 질문이었다.

"아직 모르겠어요. 부모님은 제게 음악적 소질이 있다고 하지만 저는 정치와 사회에 관심이 많아요. 제가 시민정치아카데미에 참여하는 이유죠."

"학교 수업의 연장선으로 생각한 건 아니고? 하하."

"아니에요, 선생님. 처음 아카데미 강좌에 참석했을 때는 사회과수업 내용의 심화라고 생각했어요. 그런데 이론을 배우고 토론 과정을 지켜보고 또 가끔은 직접 참여해 보면서 앞으로 하고 싶은 일을 진지하게 고민해 볼 수 있었어요."

"그렇다면 진서우는 정치가가 되고 싶으냐? 그럼 독일에 남아서 정치가의 꿈을 키워 보지."

"아니에요. 저는 한국으로 돌아갈 거예요. 한국 대학에 진학하고 싶어요. 부모님과도 약속했거든요. 아직 정치가가 되고 싶은지는 모르겠지만 정치학이나 사회학 공부는 계속하고 싶어요."

"한국에서 정치는 독특한 영역이지?"

"네, 한국 정치 문화는 너무 대립적이어서 때로는 소모적으로 보여요. 사실상 선생님이 말하시는 토론, 합의, 상대방에 대한 존중, 오류가능주의 같은 게 없어요."

"그렇게 비관적이니?"

"부모님은 과거보다는 많이 좋아졌다고 말하셨어요. 저도 동의하고요."

"한국 정치는 진화하고 있지. 특히 최근 코로나19 팬데믹에 대처

하는 한국 정부의 능력과 한국인들의 높은 시민 의식을 보고 큰 감명을 받았단다."

"저도 무조건 부정적으로 보지는 않으려고 해요."

"네가 나중에 정치가로서 한국의 정치 문화를 확 바꾸어 보면 어떠냐?"

"제가요? 그건 너무 어마어마한 일인데요? "

"아니다. 넌 충분히 그런 능력과 소질이 있어. 꿈을 가지렴. 그리고 노력도 많이 하고."

"예, 선생님."

쑥스러운 칭찬이지만 기분은 좋다. 형들과 누나들의 웃음소리가 파란 밤하늘을 가득 채운다.

[38] 기업의 자유로운 시장 경제를 보장하되 그 책무 역시 다하는지 국가가 항상 감시하는 자본주의 이념. 질서 자본주의(Ordo-Kapitalismus)가 이런 맥락에서 나온 개념이다. 즉, 자유로운 기업 활동은 최대한 보장하되, 법과 규칙을 어기는 행위에 대해서는 국가가 철저히 개입한다는 관점이다. 독일에서 국가와 시장의 관계를 잘 보여 주는 개념이다.

[39] 출처: 위르겐 하버마스, 《의사소통행위이론 2》(나남, 2006), 제6장.

[40] 뒤르켐이 말하는 사회적 유대의 유형이다. 기계적인 유대와 달리 분업 같은 협업 체계를 통해 사회 구성원들이 결속하고 있는 상태를 말한다.

미래의 정치가 토론 대회

노숙자 출신 국회 의원 탄생

학원을 마치고 집에 가는 길에 아빠에게 전화가 왔다. 전화를 받기 전부터 무슨 일로 전화를 했는지 걱정됐다. 수능을 준비하는 나로서는 부모님의 모든 말이 부담이다.

'집에 얼른 와. 기쁜 소식을 전해 줄게.'

휴대폰 너머 아빠의 말에 심드렁한 말투로 알겠다는 말만 하고 끊었다. 한국에 온 지도 1년 남짓 지났다. 나는 김나지움 11학년 1학기 초에 한국으로 돌아왔다. 그때 돌아오는 편이 한국 대학에 진학하는 데 유리하다는 판단에서 부모님과 상의해 내린 결정이다. 귀국해서 바로 고등학교 2학년에 편입했다. 생각보다 적응하는 데 제법 힘이 들었다.

"저 왔어요."

"얼른 씻고 와. 저녁 먹자."

엄마의 말에 다소 기분이 풀린다. 엄마는 항상 웃는 얼굴이다. 식탁에 앉자 아빠는 핸드폰을 보여 준다.

"진서야, 이 기사 읽어 봐라."

나는 궁금하기도 했지만 귀찮기도 해서 휴대폰을 받아 삐딱하게 들여다봤다.

'노숙자 출신 국회 의원 탄생'

오늘 새벽 독일에서는 국회 의원 선거 결과가 발표됐다. 독일은 정당 명부제[41]를 채택하고 있어서 당선된 국회 의원 명단을 별도로 확인해야 한다. 클라우스 형이 바로 그 명단에 올랐다. 국회 의원에 당선된 것이다! 독일 포털 사이트 하단에는 주요 기사로 클라우스 형의 소식이 실렸다. 그중에는 '녹색당의 차세대 리더로 떠올라'라는 부제가 달려 있는 기사도 있었다.

"와! 진짜 대단하네요."

한국에 온 뒤로 아카데미 식구들과 계속 연락을 주고받았지만 최근 몇 달 동안은 학원에 다니느라 연락이 뜸했다. 그사이에 나온 소식이 클라우스 형의 국회 입성이라니 정말 놀라운 일이다. 시민정치아카데미에서 또 국회 의원을 배출한 것이다. 게리 형은 이미 니더작센주 지방 의회 의원이 된 지 1년이 지났다. 클라우스 형은 지방 의회 의원도 거치지 않고 곧장 중앙 정치 무대로 진출한 것이다.

"진서의 친한 형이 독일 국회 의원이라니! 정말 멋지구나!"

"그러게요. 클라우스 형이 언젠가 능력을 발휘할 거라고 예상했지만, 막상 당선 소식을 들으니 놀라워요."

작년에 하비 선생님이 프리드리히 에버트 재단의 지원으로 한국을 방문했을 때 클라우스 형이 연방 의원에 출마한다는 소식을 전해 듣기는 했다. 하지만 이렇게 빨리 꿈이 실현될지는 몰랐다. 클라우스 형과 메일을 주고받을 때 형은 항상 핵 발전소를 순차적으로 폐기한다는 정부의 방침을 잘 마무리하는 게 자신의 최대 임무라고 말했다.

"진서 정말 기쁘겠네. 독일에서부터, 한국에 와서도 내내 형을 응원했었는데 말이야."

엄마도 웃으면서 나를 축하해 주었다.

"내가 고맙다고 답례해야 하나? 헤헤, 당케(Danke).[42]"

경주와 포항 지역에서 발생한 지진 때문에 엄마가 부산에 있는 친지들에게 전화를 돌리는 일이 부쩍 늘었다. 최근 근처에 있는 핵 발전소가 자주 고장을 일으켜 더욱 신경이 쓰이는 모양이다.

"그냥…… 별일 없어?"

엄마 전화를 받을 때마다 부산에 있는 큰 고모와 작은 고모, 고모할머니, 이모는 별로 대수롭지 않다고 대답하지만 내심 그렇지는 않을 것 같다. 일상에서 환경 문제를 생각하면 언제나 클라우스 형이 떠오른다.

'곧 개원하는 연방 의회에 클라우스 형은 어떤 차림으로 등원하려나?'

클라우스 형을 생각하면 이런 쓸데없는 궁금증부터 생긴다. 이런 생각을 하는 스스로가 웃겨서 피식 웃었다. 클라우스 형, 아니 의원에게 메일을 쓰면 답장이 오기까지 제법 시간이 걸린다. 전자 매체를 싫어하는 전형적인 독일인이다. 얼마 전에 본 원자력 폭발 사고를 다룬 영화 〈판도라〉가 클라우스 형과 오버랩 된다. 요즘 자주 듣는 이매진 드래곤스(Imagine Dragons)의 노래 〈라디오액티브(Radioactive)〉의 살벌한 가사와 함께.

나는 재와 먼지에서 깨어나고 있다.

이마를 닦고 녹물 땀을 흘린다.

나는 화학 물질 속에서 숨을 쉬고 있다.

……

나는 깨어나고 있다.

나의 시스템을 충분히 날려 버릴 정도로 충분히.

뼛속까지 느껴진다.

새로운 시대에 온 것을 환영한다. 새로운 시대에.

새로운 시대에 온 것을 환영한다. 새로운 시대에.

…….

[41] 독일의 국회 의원 선거 제도로, 정당별로 미리 후보의 명단을 작성한 후 정당별 득표율에 따라 국회 의석수를 배분하는 방식이다.

[42] 독일어. '감사합니다.'라는 뜻.

부록

위르겐 하버마스는 1929년 독일 서부의 소도시인 굼머스바흐에서 중산층 고위 공무원의 아들로 태어나 유복한 환경에서 자랐다. 그는 독재자인 히틀러가 집권한 나치즘 정권에서 소년 시절을 보내면서 독일 낭만주의 철학자인 셸링의 논문을 읽기도 했다. 제2차 세계 대전 이후에는 진보적인 민주주의 정치관을 형성했다.

이후 하버마스는 독일의 유서 깊은 대학인 괴팅겐대학교와 본대학교 그리고 스위스 취리히대학교에서 철학, 문학, 역사학, 경제학, 심리학 등을 공부했다. 대학 시절에는 헝가리의 마르크스주의자였던 루카치의 책을 통해 마르크스의 초기 철학을 공부했다. 그리고 독일 실존주의 철학자 하이데거의 철학에 영향을 받으면서 동시에 그의 생각을 비판하였다.

하버마스는 특히 하이데거의 철학이 나치즘의 정치 이데올로기와 연루됐음을 비판했다. 그는 하이데거를 비판하는 관점의 연장선에서 당시 유명한 철학자였던 가다머의 철학에 대해서도 비판적인 생각을 가졌다. 이후 프랑크푸르트학파를 창시한 호르크하이머와 아도르노가 함께 쓴《계몽의 변증법》을 읽고 깊은 감명을 받았다.

대학 졸업 후 언론사에서 잠시 근무하던 하버마스는 1956년 프랑크푸르트대학교에서 아도르노 교수의 조교가 되었다. 이때부터 그는 비판 이론이라고도 불리는 프랑크푸르트학파에 입문하고 사회 과학의 경험적인 연구 방법을 공부하기 시작했다.

조교로 활동하던 하버마스는 1962년 경험적인 연구와 이론적인 탐구의 통합을 시도한 논문 〈공론장의 구조 변동〉를 써서 교수 자격 심사에 제출했다. 하지만 논문 지도 교수인 아도르노와 호르크하이머는 논문에 등장하는 '문화 산업'에 대한 입장 차이로 불합격시켰다. 이 사건으로 아도르노와 하버마스는 각자의 길을 가게 됐고, 결국 하버마스의 교수 자격 논문은 같은 해 마르부르크대학교의 아벤도르프 교수의 심사로 통과되었다.

이후 1964년에 프랑크푸르트대학교 철학과 사회 철학 담당 교수로 임용된 하버마스는 '실증주의 논쟁'에 참여했다. 그는 변증법과 비판 이론의 관점에서 실증주의를 비판하면서 학계에서 두각을 나타내기 시작했다. 1960년대 후반에 이르러 하버마스는 급진적인 학생 운동과 연대하는 한편 대립하기도 했다. 이때 그들을 '좌파 파시즘'이라고 비판한 하버마스는 학생 운동 세력과 심하게 대립하고, 결국 1969년에 교수직을 사임했다.

이후 하버마스는 독일 남부 바이에른주의 주도인 뮌헨 근처에 있는

'과학-기술 세계의 삶의 조건 연구를 위한 막스-플랑크 연구소'의 소장으로 근무하기 시작했다. 이곳에서 연구에 몰두하기 시작한 하버마스는 당시 등장한 포스트모더니즘을 새로운 보수주의 경향의 철학이라고 비판한 책 《현대-미완의 기획》을 비롯해 그의 가장 중요한 철학 이론을 담은 책 《의사소통행위이론》을 출간했다.

10년 남짓한 세월 동안 연구소에서 자신의 이론을 발전시키는 데 주력한 하버마스는 1983년에 프랑크푸르트대학교로 복귀했다. 1980년대 중반부터는 보수적인 독일 민족주의적 역사학과 논쟁하고 1990년대 초에는 법과 민주주의 이론을 전개했다. 그리고 여전히 참여적 민주주의, 절차적 민주주의를 신봉하면서 많은 논문을 발표하고 있다.

● 1929

독일 굼머스바흐에서 중산층 고위 공무원의 아들로 태어남.

● 1949~1954

독일의 괴팅겐대학교, 본대학교, 스위스 취리히대학교에서 철학, 문학, 역사학, 경제학, 심리학 등을 공부함.

● 1953

독일 실존주의 철학자 하이데거의 철학에 영향을 받으면서 동시에 그의 생각을 비판함.

● 1956

프랑크푸르트대학교에서 아도르노 교수의 조교가 됨.

● 1961~1964

하이델베르크대학교 철학과에서 대우 교수로 활동함.

● 1962

아도르노 교수에게 교수 자격 논문 〈공론장의 구조 변동〉를 제출했으나 불합격되고, 마르부르크대학교의 아벤도르프 교수의 심사로 교수 자격 논문이 통과됨.

● 1963

《이론과 실천》을 출간함.

● 1964

프랑크푸르트대학교 철학과 사회 철학 교수로 임용됨. '실증주의 논쟁'에 참여해 변증법과 비판 이론의 관점에서 실증주의를 비판하여 학계에서 두각을 나타냄.

● 1968

《인식과 관심》 출간함.

● 1969

《저항 운동과 대학 개혁》을 출간함. 학생 운동 세력과 심하게 대립하면서 교수직을 사임함.

● 1971

'과학–기술 세계의 삶의 조건 연구를 위한 막스–플랑크 연구소' 소장이 됨.

● 1973

《후기 자본주의의 정당성 문제》를 출간함.

● 1976

《역사 유물론의 재구성》을 출간함.

● 1980

《현대–미완의 기획》을 출간함.

● 1981

하버마스 철학의 가장 중요한 저서인 《의사소통행위이론》의 제1권과 제2권을 출간함.

● 1983

프랑크푸르트대학교의 교수로 복귀함.

● 1985

《현대에 대한 철학적 탐구》를 출간함.

● 1986

독일 민족주의적 역사학과 논쟁함.

● 1992

《사실성과 타당성》을 출간하면서 법과 민주주의 이론을 전개함.

● 1999

나토(NATO)의 코소보 출격에 대해 신중한 입장을 표명함. 피터 슬로터다이크의 인간 복제에 관한 논쟁에 참여함.

● 2007

일본 교토상 연설에서 뇌과학 연구 흐름과 관련해 인간의 자유의 문제를 다룸.

● 2008~

교수직에서 은퇴한 이후 지금까지 참여적 민주주의, 절차적 민주주의를 옹호하면서 많은 논문을 발표하고 있음.

1. '체계'와 '생활 세계'의 관계에 대해 설명해 보세요. (2장 참고)

2. 노숙자 클라우스가 보여 준 '이상적인 대화 상황'을 설명해 보세요.

   (3장 참고)

3. 하비 선생님이 민주주의의 이상적인 절차와 기준을 설명하면서 제시한

개념인 '반사실성'의 의미를 설명해 보세요. (3장 참고)

4. 진서가 게리 형과 음악에 관해 대화를 나눌 때 나온 '음악가로서 모차르트의

고뇌'가 무엇인지 모차르트 당시 18세기 지식인 사회를 배경으로 설명해

보세요. (4장 참고)

5. 언어와 사물의 지시 관계가 무엇인지 인식의 문제와 관련지어 설명해 보세요.

(5장 참고)

6. 우리가 사용하는 언어에서 추상적이고 관념적인 것을 과감하게 제거해

우리의 사고를 단순하고 명쾌하게 하자고 주장하는 유명론의 입장을

상징하는 말은 무엇인가요? (5장 참고)

7. 존재하는 사물은 나름대로 근거와 이유가 있으며 그것이 생성, 발전하는

방향과 결과는 정해져 있다고 주장하는 아리스토텔레스의 관점은

무엇인가요? (5장 참고)

8. 하비 선생님이 칼 포퍼로부터 가져온 개념인 오류가능주의가 무엇인지

민주주의의 규범과 관련지어 설명해 보세요. (7장 참고)

1. '체계'와 '생활 세계'는 하버마스가 설정하는 2단계 사회 개념입니다. 체계는 규범이 작동하지 않는 자연이나 경제 영역을 가리키고, 생활 세계는 우리의 구체적인 일상적 삶과 관련이 있는 영역으로서 가족이나 친구 및 연인 관계와 같이 제도적인 규범이 미치지 않는 영역을 가리킵니다. 하버마스에 따르면, 근대 사회의 합리화 과정은 체계의 제도와 법이 생활 세계에까지 영향을 미치는 양면적인 과정이기도 합니다. 이를 생활 세계의 식민지화라고 합니다.

2. 클라우스는 거리에서 구걸하다가 만난 옷을 잘 차려입은 중년 여성과 진지하게 대화를 나눕니다. 여기서 노숙자와 일반 시민은 대화에 진지하게 참여하고, 차림새에서 드러나는 사회적으로 불평등한 관계에는 관심이 없습니다. 이처럼 이상적인 대화 상황은 사회적 불평등을 넘어서 진리, 진정성, 이해의 가능성 같은 타당성의 기준만이 작동되는 차원입니다.

3. 반사실성 개념이란 언어학에서 조건문을 의미하는 것으로, 현실에서는 있을 수 없는 이상적인 가정이나 전제 조건을 가리킵니다. 이는 민주주의가 가장 이상적으로 작동되는 이론적 차원인 동시에 규범적 목표이기도 합니다.

4. 음악가로서 모차르트의 고뇌는 생계를 잇기 위한 방도로 음악 활동을 하는

세속적인 삶과 음악 창작의 주체로서 예술가의 삶 사이의 갈등을 말합니다.

사회학자인 엘리아스가 18세기 독일 교양 시민 계급의 삶을 분석한 글에 당시

지식인 집단이 귀족 사회의 모순을 비판하면서 자신들만의 독자적인 미덕을

형성하는 과정이 서술되어 있습니다.

5. 언어는 그것이 가리키는 사물이 전제되어 있기 때문에 상호 소통되고 이해가

　가능합니다. 이를 지시 관계라고 부릅니다. 하지만 과일 '사과'처럼 구체적인

　사물이 분명하고 대화에 참여하는 사람들이 공통적으로 경험한 경우도 있지만,

　존재하지 않는 사물을 언어화한 경우도 많습니다. 그래서 우리는 언어와 사물의

　단순한 일치 관계를 기준으로 인식의 참과 거짓을 구분하는 경우도 있지만,

　존재하지 않는 사물이 포함된 문장을 참이라고 자연스럽게 받아들이는 경우도

　있습니다. 진리이론으로서 전자를 대응설이라고 하고 후자를 정합설이라고

　합니다.

6. 오컴의 면도날.

7. 목적론.

8. '오류가능주의'는 누구나 현재 갖고 있는 입장, 주장, 신념, 판단 등이 이후에

온몸으로 표현할 수 있었을 때에 비로소 완전해집니다. 이럴 때에야 관객이 진정으로

사회에서 대체하며 타인의 과정에서는 상호작용이 대상이 없어서 얻을 수 있는 것을

인상하고 우리에게의 경쟁력을 강화하면서 동시에 타사의 생각을 경쟁적이 수 있고

본질적으로 달라집니다. 따라서 특정 시장에서 소통할 때는 단지 경쟁적인 지리를

가치관과 직접 서로 인식할 필요가 있습니다.